Die Kunst des Nähens

Traditionelle Handnähtechniken
für eine perfekt angepasste Garderobe

Bernadette Banner

Titel der Originalausgabe: Make, Sew and Mend

ISBN 978-1-64567-486-3

Dieses Werk wurde im Auftrag von Page Street Publishing Co. durch die Literarische Agentur Thomas Schlück GmbH, 30161 Hannover, vermittelt.

Cover und Layout der Originalausgabe: Rosie Stewart für Page Street Publishing Co.

Fotos: Bernadette Banner

Ergänzende Designelemente von Shutterstock und Creative Market

Übersetzung der deutschen Ausgabe: Wiebke Krabbe, Damlos

Produktmanagement: Lisa-Marie Weigel

Lektorat: Katrin Akyol, Leinfelden-Echterdingen

Cover der deutschen Ausgabe: Eva Hook

Gestaltung: Petra Theilfarth

Druck und Bindung: Neografia, Slowakei

3. Auflage 2025

ISBN 978-3-7358-7005-6 • Best.-Nr. 27005

MIX
Papier | Fördert gute Waldnutzung
FSC® C020353

Penguin Random House Verlagsgruppe
FSC® N001967

Für Bertha Banner

(nicht verwandt)

Inhalt

Vorwort 11

Porträt: Dandy Wellington 14

Stoffe 15

Stoffe wählen 17
Woraus besteht mein Stoff? 20
Der Aufbau von Stoffen 25
Stoffe vorbereiten 28
Zuschneiden 30
Markierungsfäden 34
Exakter Fadenlauf? Fäden ziehen! 37
Stecken 38
Stückeln 40

Porträt: Claudia Vogt 41

Stiche 43

Langlebige Kleidung 44
Notwendige Werkzeuge 44
Gut zu haben 51
Anfang und Ende des Fadens 53
Wichtige Stiche 59
Vorstich 59
Heften 60
Rückstich 63
Halber Rückstich 64
Wechselstich 65
Überwendlingsstich 67
Hexenstich 70
Staffierstich 73

Porträt: Yang Cheon Shik 76

Anwendungen 77

Stoffkanten 79
Zackenschnitt 80
Überwendlingsstich 83
Einfassen 84
Doppelter Saum & Kappnaht 89
Konternaht 94
Rechts-Links-Naht 97
Gut gebügelt ist halb genäht 98
Verschlüsse 101
Knopflochstich 103
Knopflöcher 104
Knopfschlaufen 108
Knöpfe aus Stoff 111
Ösen 115
Schnürungen 119
Haken und Ösen 123
Die kleinen Extras 128
Falten 128
Kräuseln 132
Spitze einsetzen 139
Biesen 145
Smoken 149

Porträt: Sophia Khan 152

Kleidung ändern 153

Einen Saum kürzen 154

Ärmelzwickel einsetzen 158

Taschen 165

Porträt: Embry Whitmore 174

Gute Pflege: Damit Kleidung lange hält 175

Vorbeugen 177

Reparieren 179

Stopfen 180

Flicken 184

Knöpfe ersetzen 187

Schlusswort 193

Glossar 194

Endnoten 196

Bibliografie 198

Dank 199

Register 200

Kreativ-Hotline und Autorin 204

Vorwort

Mir ist klar geworden, dass ich mir bei all meinen Online-Nähprojekten selten die Zeit nehmen kann, einmal die Grundlagen zu erklären: Wie sichert man Anfang und Ende eines Fadens? Warum werden Schnittmusterteile in einer bestimmten Richtung auf den Stoff gelegt, und was ist eigentlich ein Schrägstreifen? Wer diese Grundlagen nicht kennt, kann meine Videos im Grunde nur zur Unterhaltung anschauen. Darum möchte ich die Basics hier ausführlicher erklären. Es ist ungewohnt, meine Follower:innen in Buchform anzusprechen, aber ich bin sicher, wir werden auch hier unseren Spaß haben.

Das Nähen mit der Hand habe ich aus persönlichem Interesse an der Geschichte begonnen, als ich versuchte, historische Kleider zu rekonstruieren. Dabei wurde mir schnell klar, dass all unsere modernen technischen Möglichkeiten zwar manches erleichtern und beschleunigen, aber auch ihren Haken haben. Viel zu oft geht die schnelle Produktion auf Kosten des Handwerks, viel zu oft geht es um Masse statt um Qualität. Wir können Dinge heute schneller und billiger mit modernen Maschinen produzieren. Aber das heißt nicht, dass sie besser sind. Ohnehin ist »besser« ein dehnbarer und interpretierbarer Begriff. Es mag Vorteile haben, große Stückzahlen herstellen zu können, aber die Massenproduktion hat auch Nachteile. Sie geht auf Kosten der Material- und Handwerksqualität, der Arbeitsbedingungen und Löhne, und die Überproduktion schadet der Umwelt und erschwert achtsamen Konsum. Die Modeindustrie des 21. Jahrhunderts macht Milliardenumsätze und produziert dabei mehr Treibhausgase als die gesamte Schifffahrt und Luftfahrt zusammen.[1]

Das heißt keineswegs, dass früher alles besser war. Unterbezahlte Textilarbeiter:innen gab es schon lange vor dem Zeitalter der Fast Fashion. Auch früher waren die Menschen nicht unbedingt bereit (oder in der Lage), die Arbeit angemessen zu bezahlen, die für die Herstellung hochwertiger Kleidung notwendig ist. Hinzu kommt, dass das Nähen als »Frauenarbeit« und damit als minderwertig betrachtet wurde und wird. Andererseits haben wir heute die Chance, die positiven Aspekte der Vergangenheit herauszugreifen und fortzuführen, während wir Dinge, die sich nicht bewährt haben, verwerfen können. Wenn ich eine Lösung für ein Problem suche, schaue ich mir an, welche Lösungen die Geschichte schon für uns bereithält. Mit welchen ähnlichen Problemen hatten unsere Vorfahren zu kämpfen, und welche Lösungen wurden entwickelt? Was können wir aus den Methoden, Versuchen, Experimenten, Fehlern und Erfolgen der Vergangenheit lernen, um unsere eigenen Probleme gründlicher und effizienter zu lösen? Die Menge an Informationen, auf die wir dafür zurückgreifen können, ist heute größer als je zuvor.

In der Zeit vor der Massenproduktion gab es drei Möglichkeiten, Kleidung zu erwerben: Sie wurde entweder selbst hergestellt, von einer anderen Person (einem/einer Schneider:in oder einem kundigen Familienmitglied) für den Träger angefertigt, oder gebraucht gekauft bzw. in der Familie weitergegeben. Erst mit der industriellen Revolution in der Mitte des 19. Jahrhunderts entstanden in Westeuropa und Nordamerika standardisierte Konfektionsgrößen, und Kleidung wurde in Massenproduktion in Fabriken gefertigt. Die Arbeitskräfte waren

nur in kleinen Teilen des Herstellungsprozesses geschult und kamen nie mit den Träger:innen in Kontakt. Dennoch hatte die Massenproduktion anfangs eher regionale und nationale Größenordnungen, und bis ins 20. Jahrhundert hinein hatte man allgemein eine bewusste Einstellung zum Kauf neuer Kleidung. Eine globale Branche ist die Modeindustrie erst in jüngerer Zeit geworden. In einem Haushaltshandbuch aus dem Jahr 1916 heißt es: »Jedes Kleidungsstück in der eigenen Garderobe oder die Materialien für seine Herstellung sollten nach folgenden Gesichtspunkten ausgewählt werden:

1. *Notwendigkeit der Anschaffung*
2. *Verwendungszweck*
3. *Langlebigkeit/Strapazierfähigkeit*
4. *Passform*
5. *Preis-Leistungs-Verhältnis* [*2]

Das Buch enthält neben Hinweisen zum verantwortungsvollen Kauf von Kleidung auch praktische Ratschläge zum Nähen, Ausbessern, Anpassen von Schnittmustern und zur Instandhaltung. Damals war es üblich, dass die Menschen Kleidung reparieren, ändern und selbst fertigen konnten.

Wenige Reiche konnten es sich leisten, Kleidung nur ein- oder zweimal zu tragen. Ansonsten konnte niemand für jede Saison neue Kleidung kaufen oder Stücke nur einmal pro

Woche tragen. Allerdings war Kleidung in der vorindustriellen Zeit teurer, denn die Stoffe wurden von Hand gewebt und verarbeitet. Die meisten Menschen wussten, wie man näht, oder kannten jemanden, der nähen konnte. Anders als heute wurde Kleidung nicht von unsichtbaren Händen in fernen Ländern hergestellt, infolgedessen waren sich die Träger der Arbeit, die in ihren Kleidungsstücken steckte, sicherlich stärker bewusst. Gesellschaftliche Erwartungen und Konsumzwänge waren damals ganz anders gelagert als heute. Auch darin liegt ein Grund dafür, dass die Menschen ihre Kleidung wertschätzten, pflegten und möglichst lange nutzten.

Wenn wir heute die Massenproduktion umgehen und auf Slow Fashion setzen wollen, können wir von unseren Vorfahr:innen eine Menge lernen. Wir können in Vintage- oder Secondhand-Läden einkaufen oder mit Familie und Freund:innen tauschen. Wir können Kleidung selbst herstellen oder vorhandene Kleidungsstücke ändern. Wenn wir Zeit und Geld für Stoff und Schneiderei investieren, haben wir eine andere Beziehung zum Produkt. Wir gehen sorgfältiger damit um, und da wir seine Konstruktion kennen, können wir es später leichter reparieren, ändern oder umgestalten. Schließlich könnten wir uns auch Kleidung nach Maß schneidern lassen. Da das aber das Budget der meisten Menschen sprengt, soll diese Möglichkeit hier nur am Rande erwähnt werden. In diesem Buch geht es darum, selbst Hand anzulegen.

Bei meiner Erforschung historischer Kleidung und ihrer Herstellungsweisen habe ich entdeckt, dass viele traditionelle Methoden noch heute gut geeignet sind, um haltbare, langlebige und schön gefertigte Kleidungsstücke hervorbringen. Die Geschichte lehrt uns, dass man auch ohne Maschinen robuste und haltbare Kleidung herstellen kann. Immerhin kamen Nähmaschinen erst um 1860 in Gebrauch, und auch vorher trugen die Menschen Kleidung. Handgenähte Kleidungsstücke wurden genutzt, verziert, geflickt und umgestaltet und konnten den Träger oder die Trägerin jahrzehntelang begleiten. Das Nähen mit der Hand ist zwangsläufig etwas langsamer als das Nähen mit der Maschine, und wer eine Nähmaschine hat, soll sie gern benutzen. Mein Anliegen ist, Wege aufzuzeigen, wie jede:r selbst Verantwortung für die eigene Kleidung übernehmen kann. Durch Schneidern, Upcycling und Ändern können wir alle großartige Unikate tragen. Und da sie uns am Herzen liegen, sind wir motiviert, sie zu pflegen und zu reparieren, damit sie möglichst lange halten.

Porträt: Dandy Wellington

Es kostet Mut, seinen ganz persönlichen Stil zu finden und konsequent zu verkörpern. Nicht jede:r traut sich, der Welt mit kompromissloser Individualität entgegenzutreten. Um der Sache aus dem Weg zu gehen, werden die meisten sagen: »Ich habe eigentlich keinen Stil« oder »Ich will mich einfach nur wohlfühlen«. Dabei ist Stil doch etwas sehr Persönliches und Wichtiges. Er sagt etwas darüber aus, wie eine Person die Welt sieht und wie sie in ihr leben will. Er erzählt von den Inspirationsquellen dieser Person, von dem, was ihr Freude bereitet und was sie wirklich ist. So habe ich meinen persönlichen Stil gefunden:

Meine ersten Lebensjahre verbrachte ich in einer ehemaligen Kneipe in Harlem (New York), umgeben von Büchern, Kunst, Filmen und Gesang. Auch wenn ich es damals nicht wissen konnte, war die historische Bedeutung dieses Ortes unverkennbar und sollte mich nachhaltig prägen. Denn innerhalb und außerhalb dieser Mauern machte es sich meine Mutter zur Aufgabe, mich mit den Fakten über die Kämpfe meiner Vorfahren und den Früchten ihrer Widerstandsfähigkeit vertraut zu machen. Ich lernte, dass Ursache und Wirkung der Geschichte untrennbar mit unserer Kultur verbunden sind, und dass diese Kultur unseren Stil beeinflusst. Viel Liebe, Musik und die Lektionen, die uns die Geschichte lehrt, sind die Brille, durch die ich die Welt sehe, und für mich gab es keine bessere Kulisse als Harlem.

Harlem ist ein Viertel mit einer beeindruckenden Geschichte, in dem viele wichtige Persönlichkeiten der schwarzen Kultur gelebt haben: Louis Armstrong, Langston Hughes, Jacob Lawrence, Zora Neale Hurston und viele mehr. Und da Harlem mein Kinderzimmer war, wurde meine Kindheit von der reichen Kulturgeschichte dieses Viertels geprägt. Ich durfte in jungen Jahren Auftritte von Nat King Cole, Marian Anderson, Duke Ellington und anderen erleben. Ihr Talent, ihre Arbeitsmoral und die Freude, mit der sie auch gegen Widerstände ihren eigenen Stil scheinbar mühelos verkörperten, haben mich schwer beeindruckt. Ich eiferte Ellington nach, mit seinem seidenen, plüschigen Zylinder und Frack oder dem weißen zweireihigen Smoking. Wenn ich den himmlischen Klängen von Louis Armstrong lauschte, ertappte ich mich dabei, dass ich nicht nur mit den Zehen wippte, sondern auch nach einem Paar Plus Fours suchte, nur um meinem Helden ähnlich zu sein. Ihr Talent hat mich dazu inspiriert, Künstler zu werden. Ihre Präsenz hat mir geholfen, meinen persönlichen Stil zu finden.

Der Schlüssel zum persönlichen Stil ist Inspiration. Nicht schnelllebige Mode oder der Look der Woche, sondern eine tiefe, beständige Inspiration. Die Art von Inspiration, die sich in deinen Traum einschleicht und dir nachts so viel Freude bereitet, dass du aufwachst und nach einem Stift suchst, um alles aufzuschreiben. Je intensiver man sich mit ihr beschäftigt, desto deutlicher kristallisieren sich ihr Wesen und ihre Nuancen heraus. Meine Inspiration hat mit meinen Wurzeln zu tun und ist ein Leitstern für meine Identität. Sie ist das Ergebnis einer Kindheit voller Kunst und Kultur, die mir Freude bereitet hat. Denn um Freude geht es. Was inspiriert dich?

– Dandy Wellington (er/ihm)

Stoffe

Stoffe wählen

Vor dem ersten Nadelstich fällt die vielleicht wichtigste Entscheidung für ein Kleidungsstück, für die auch die Nähkenntnisse eine untergeordnete Rolle spielen: Die Wahl des Stoffs. Es muss kein teurer oder luxuriöser Stoff sein. Wichtig ist vor allem, dass er den spezifischen Anforderungen des jeweiligen Kleidungsstücks gerecht wird.

Jeder Stoff verhält sich anders. Struktur, Gewicht und Faserzusammensetzung beeinflussen, wie er aussieht, wie er fällt, ob er feuchtigkeitsableitende oder temperatur-regulierende Eigenschaften hat und ob seine Oberfläche weich oder kratzig ist. Bestimmte Stoffe sind ideal für körpernah geschneiderte Kleidungsstücke, während andere besser für fließende Silhouetten geeignet sind. Es gibt keinen objektiv »guten« oder »schlechten« Stoff, sondern nur Stoffe, die sich für einen bestimmten Zweck besser oder weniger gut eignen.

Wer Kleidung schneidern will, muss also zuerst über Zweck und Funktion nachdenken. Was soll es sein: Unterwäsche? Oberbekleidung? Ein Kleidungsstück für zuhause, das vor allem bequem sein soll? Muss das Kleidungsstück Hitze, Feuchtigkeit oder häufiges Waschen vertragen? Wird man es aus der Nähe sehen? Muss es aus der Ferne auffallen? Soll es dehnbar oder wandelbar sein? Soll es die Figur betonen oder eher nicht?

Beginnen wir mit den Fasern, weil sie für die Eigenschaften des fertigen Kleidungsstücks eine wichtige Rolle spielen. Sie bestimmen beispielsweise, ob es leicht zu waschen ist, sich bei Hitze angenehm anfühlt oder im Winter warmhält.

Leinen wird aus Flachsfasern hergestellt, ist waschbar und strapazierfähig. Aufgrund der Natur der Pflanzenfasern absorbiert Leinen Feuchtigkeit, hält die Haut sauber und trocken und ist ideal für heißes Wetter. Aus diesem Grund wurde Leinen jahrhundertelang für Unterwäsche verwendet. Seine Saugfähigkeit schützte die äußeren, weniger waschbaren Kleidungsschichten davor, mit Hautfetten in Berührung zu kommen. Leinen ist von Natur aus antibakteriell, d. h. es bietet kein geeignetes Milieu, in dem sich Bakterien leicht vermehren können, und trägt so dazu bei, Körpergeruch zu verhindern und die Haut länger sauber zu halten. Ungefärbte Kleidungsstücke aus Leinen halten den Strapazen regelmäßiger Wäsche am ehesten stand, und da Leinen durch regelmäßiges Waschen weicher wird, nimmt der Tragekomfort mit der Zeit immer weiter zu.

Baumwolle ist ebenfalls eine Pflanzenfaser. Als atmungsaktives und saugfähiges Material hat sie sich bei heißem Wetter bewährt. Sie ist strapazierfähig und kann in der Maschine gewaschen und getrocknet werden, was sie zu einem sehr langlebigen und praktischen Material macht. Baumwollstoffe sind relativ preiswert und eignen sich darum für alle, die gern mit Naturfasern arbeiten wollen, ohne viel Geld auszugeben. Nessel – ungebleichter Baumwollstoff – ist so preiswert, dass er gern für Probemodelle oder Prototypen verwendet wird. Baumwollstoffe gibt es in vielen verschiedenen Gewichten, die sich für unterschiedliche Zwecke eignen. Drell und Segeltuch beispielsweise sind schwere, strapazierfähige Stoffe, die für Rucksäcke und Arbeitskleidung geeignet sind. Baumwollbatist oder Linon dagegen sind leicht und zart genug für luftige Sommerkleider.

Wolle wird seit Jahrtausenden zu Textilien verarbeitet. Viele Hausschafrassen müssen jährlich geschoren werden, die Wolle ist also ein »nachwachsendes« Naturprodukt. Ein einzelnes Vlies enthält verschiedene Faserqualitäten, wobei die Fasern, die näher am Körper des Schafes liegen, weicher (und oft auch teurer) sind als dieraueren Fasern an der Außenseite, denen die Wolle ihren Ruf als kratzig verdankt. Kammgarngewebe wird aus langen Wollfasern hergestellt, die gekämmt wurden, um die kurzen Fasern zu entfernen und sie so auszurichten, dass sie parallel zueinander verlaufen. Dadurch entsteht ein leichtes, feines und angenehm weiches Gewebe. Aus dickeren Wollgarnen werden schwerere und dickere Stoffe gefertigt. Sommerwolle wird locker gewebt, sodass ein luftiges, atmungsaktives Gewebe entsteht, das entgegen der landläufigen Meinung bei heißem Wetter viel kühler hält als Seide oder Kunstfasern.

Da Wolle relativ teuer ist, wird sie oft mit synthetischen Fasern gemischt, um die Kosten für die Meterware zu senken und gleichzeitig die natürlichen Isoliereigenschaften der Wolle zu erhalten. Manche Wollqualitäten können in der Waschmaschine durch Bewegung und Wärme schrumpfen und verfilzen. Sie sollten vorsichtig von Hand gewaschen oder chemisch gereinigt werden. Es gibt »waschmaschinenfeste« Wollstoffe, doch auch von ihnen sollte man ein Probestück waschen, bevor man daraus Kleidung schneidert, die öfter gewaschen werden muss. Beim Waschen immer reichlich Wasser verwenden und die Wolle ganz eintauchen. Wenn man warmes Wasser über den Stoff laufen lässt, kann er ungleichmäßig einlaufen.

Seide ist eine Proteinfaser, die hauptsächlich aus dem Larvenkokon der Seidenraupe (Bombyx mori) gewonnen wird. Die Faser selbst hat einen natürlichen Glanz, obwohl Seidentextilien je nach Webart und Behandlung des Gewebes unterschiedlich glänzen. Weil Seide teuer ist, wird sie in modernen Stoffen oft mit Synthetikfasern kombiniert, um die Kosten zu senken. Naturseide speichert Wärme ausgesprochen gut und eignet sich darum weniger für Kleidung, die bei hohen Temperaturen getragen wird. Sie kann chemisch gereinigt werden. Beim Waschen ist zu bedenken, dass Wasser Oberflächenstruktur und Glanz der Seidenfasern verändern und bei ungleichmäßiger Trocknung Flecken verursachen kann. Der Stoff muss darum gleichmäßig und vollständig durchtränkt und danach gleichmäßig und gründlich getrocknet werden, damit keine Wasserflecken entstehen.

Viskose kann optisch Ähnlichkeit mit Seide haben, wird aber aus Zellulosefasern hergestellt und ist darum deutlich preiswerter als reine Seide. Zudem ist Viskose atmungsaktiv und unterscheidet sich dadurch von synthetischer »Kunstseide«.

Polyester und andere Synthetikstoffe wie Elasthan, Acryl und Nylon sind Fasern auf Mineralölbasis. Im Grunde handelt es sich um Kunststoffe, die kaum atmungsaktiv sind und sich nicht für Kleidung eignen, die bei Hitze getragen wird. Synthetische Fasern lassen sich sehr einfach herstellen und sind daher preiswert. Sie werden oft mit Naturfasern gemischt, um die Kosten für teurere Seide oder Wolle zu senken oder um Stoffe dehnbar zu machen. Synthetikstoffe knittern in der Regel nicht so leicht wie natürliche Leinen- oder Baumwollstoffe und werden daher von denjenigen bevorzugt, die maschinenwaschbare Kleidungsstücke mit geringerem Bügelaufwand wünschen.

Woraus besteht mein Stoff?

Wenn die Zusammensetzung eines vorhandenen Stoffs unbekannt ist, kann ein Brenn- oder Bleichetest Klarheit schaffen. Das ist besonders wichtig, wenn der Stoff gefärbt werden soll, denn Naturfaserstoffe nehmen die meisten Farbstoffe leicht an. Synthetische Stoffe lassen sich dagegen oft nur mit speziellen Produkten (»Polydyes«) färben, und die Ergebnisse können unberechenbar sein. Manche Stoffe oder Garne werden während der Herstellung behandelt, um sie beispielsweise stabiler, fleckunempfindlich oder schwer entflammbar zu machen. Solche Behandlungen können die Testergebnisse beeinflussen.

Hinweis: Bei den Tests kommen offene Flammen und/oder chemische Bleichmittel zum Einsatz. Unbedingt in einer geeigneten Umgebung arbeiten – feuersicher und gut belüftet, am besten im Freien. Schutzhandschuhe und ein Atemschutz sind empfehlenswert. Minderjährige sollten die Tests nur unter Aufsicht eines Erwachsenen durchführen.

Vorbereitung: Aus dem fraglichen Stoff ein Probestück von etwa 5 x 5 cm zuschneiden.

Du brauchst: Feuerfeste Unterlage, z. B. Backblech, Pfanne oder Metallspüle, Kerze, Streichholz oder Feuerzeug, Pinzette zum Halten des Stoffs, Wasser zum Löschen (falls der Stoff aufflammt).

Kleine Schale aus Glas oder Porzellan, Chlorbleiche, Schutzhandschuhe, Pinzette zum Anfassen des gebleichten Stoffs

Probestück Wolle

Probestück Seide

Brenntest

Probestück Baumwolle

Probestück Leinen

Probestück Wolle, 10 Sekunden eingetaucht

Probestück Synthetik

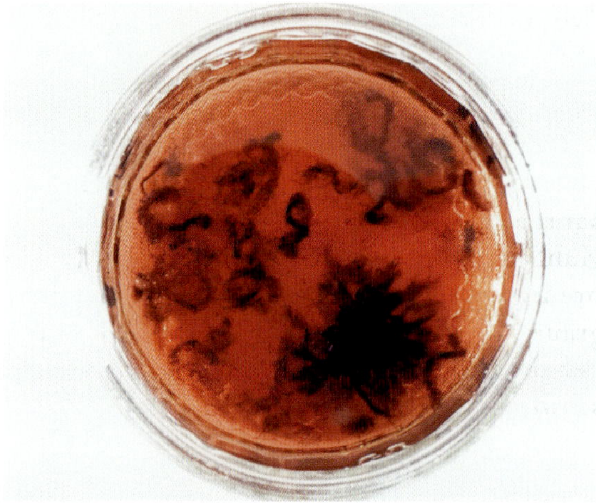
Probestück Wolle, 1 Stunde eingetaucht, teilweise aufgelöst

Probestück Viskose

Der Brenntest: Den Stoff über der feuerfesten Unterlage an einer Ecke mit der Pinzette festhalten. Die Kerze anzünden. Eine Ecke des Stoffs in die Flamme halten. Die Flamme, die Brenngeschwindigkeit, den Rauch, den Geruch und die Asche oder Rückstände beachten.

Der Bleichetest: Die Bleiche in eine kleine Schüssel geben und den Stoff eintauchen. Mindestens 1 Stunde stehen lassen, dann prüfen, ob sich das Material auflöst. Diese Methode eignet sich, um herauszufinden, ob natürliche Proteinfasern mit Synthetikfasern gemischt wurden, denn die Proteinfasern lösen sich in der Bleiche auf, synthetische und Zellulosefasern hingegen nicht.

Beispiele

Brenntest: Entzündet sich schnell und brennt, kann aufflackern, erzeugt grauen Rauch und glüht nach dem Erlöschen weiter; riecht nach brennendem Papier und zerfällt zu feiner grauer Asche, es sei denn, der Stoff wurde behandelt; in diesem Fall kann die Asche schwarz sein.

Bleichetest: Zerfällt nicht.

Ergebnis: Baumwolle (Zellulosefaser)

Brenntest: Zündet und brennt etwas langsamer als Baumwolle, brennt aber dennoch zügig; riecht nach brennendem Papier und erzeugt eine feine, graue Asche.

Bleichetest: Zerfällt nicht.

Ergebnis: Leinen (Zellulosefaser)

Brenntest: Entzündet sich langsam, schwelt und erlischt von selbst, wenn der Stoff aus der Kerzenflamme entfernt wird; erzeugt dunklen Rauch; riecht stark nach verbranntem Haar und erzeugt eine weiche Verkohlung, die zu dunkler, körniger Asche zerbröselt.

Bleichetest: Zerfällt.

Ergebnis: Wolle (Proteinfaser)

Brenntest: Entzündet sich schwer, schwelt, rollt sich von der Flamme weg, erzeugt wenig bis gar keinen Rauch und verlöscht von selbst. Riecht nach verbranntem Haar und erzeugt verkohlte Klümpchen, die sich leicht zu einer körnigen Asche zerkleinern lassen.

Bleichetest: Zerfällt.

Ergebnis: Seide (Proteinfaser)

Brenntest: Zündet und brennt sehr schnell; glüht nach dem Erlöschen nicht weiter. Riecht nach brennendem Papier und erzeugt eine faserige graue Asche.

Bleichetest: Zerfällt nicht.

Ergebnis: Viskose (industriell hergestellte Zellulosefaser)

Brenntest: Entzündet sich leicht, brennt aber nur kurz. Schrumpft vor der Flamme und schmilzt; erzeugt einen leicht süßlichen chemischen Geruch und schmilzt zu einem Kunststoffklümpchen, das sich nur schwer zerdrücken lässt.

Bleichetest: Zerfällt nicht.

Ergebnis: Polyester (Synthetikfaser auf Erdölbasis)

Brenntest: Entzündet sich leicht, brennt aber nur kurz. Schrumpft von der Flamme zurück und tropft beim Schmelzen, selbstverlöschend. Riecht vage nach Sellerie und erzeugt keine Asche, sondern harte, graue Klümpchen, die sich nur schwer zerdrücken lassen. Die Dämpfe sind gesundheitsschädlich.

Bleichetest: Zerfällt nicht.

Ergebnis: Nylon (Synthetikfaser auf Erdölbasis)

Brenntest: Entzündet sich leicht, brennt aber nur kurz. Schrumpft von der Flamme zurück und kann tropfen. Riecht nach Essig und erzeugt keine Asche, sondern harte, schwarze Klümpchen, die sich nur schwer zerdrücken lassen. Die Dämpfe sind gesundheitsschädlich.

Bleichetest: Zerfällt nicht.

Ergebnis: Acetat (industriell hergestellte Proteinfaser)

Brenntest: Entzündet sich leicht und brennt schnell; schrumpft vor der Flamme und tropft, wenn es schmilzt; selbstverlöschend. Riecht chemisch und leicht fischig, erzeugt keine Asche, sondern harte, schwarze Klümpchen, die sich nur schwer zerdrücken lassen. Die Dämpfe sind gesundheitsschädlich.

Bleichetest: Zerfällt nicht.

Ergebnis: Acryl (Synthetikfaser auf Erdölbasis)

Wenn es sich bei dem Stoff um eine Fasermischung handelt, können mehrere Ergebnisse zutreffen. Eine Baumwoll-Polyester-Mischung beispielsweise riecht nach verbranntem Papier und kann etwas Asche produzieren, härtet aber beim Abkühlen zu einem kunststoffartigen Klümpchen aus.

Der Aufbau von Stoffen

Das Weben ist eine komplexe und facettenreiche Handwerkskunst, deren technische Details in umfangreichen Büchern ausführlich erklärt werden.[3] Hier möchte ich mich auf die Grundzüge beschränken. Es ist wichtig, die Art des Gewebes erkennen zu können, denn sie hat Einfluss darauf, wie sich ein Stoff bei verschiedenen Verwendungen verhält und wie er sich verarbeiten lässt.

Manche Materialien lassen sich direkt verarbeiten, dazu gehören Leder, Fell und Kunstleder. Alle anderen Stoffe bestehen aus Garnen und werden gewebt, gestrickt (gewirkt) oder gefilzt.

Das Weben ist die häufigste Form der Textilherstellung. Fäden, die aus verschiedenen Garnen gesponnen sein können, werden zu einer Stoffbahn verwebt. Dies geschieht in der Regel auf einem Webstuhl: Fäden in Längsrichtung (Kettfäden) bilden das Gerüst, durch das in Querrichtung die Schussfäden laufen. Die Kettfäden sind die stärkeren Fäden, da die Schussfäden im Wechsel über und unter ihnen verlaufen. An den Rändern der Stoffbahn entsteht eine Webkante, an der man die einzelnen Fäden unterscheiden kann: Die Fäden, die parallel zur Webkante verlaufen, sind die Kettfäden und bilden den Fadenlauf. Werden Stücke vom Stoffballen abgeschnitten, verläuft der Schnitt in Richtung der Schussfäden.

Schneidet man Stoffe schräg zum Fadenlauf, also im Winkel von 45° zu Schuss- und Kettfäden, erhält man eine Schnittkante, die leicht dehnbar ist.

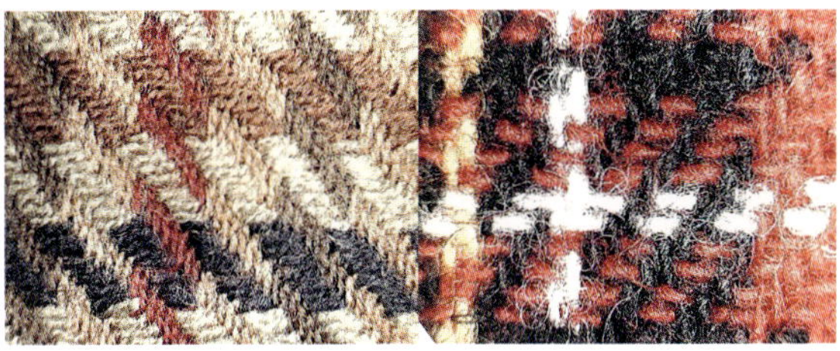

Seiden-Duchesse (Satin)

Eine Leinwandbindung, bei der ein Schussfaden über einen Kettfaden und dann unter den nächsten geführt wird

Eine Köperbindung, bei der ein Schussfaden über einen Kettfaden und dann unter zwei Kettfäden verläuft. Das Muster wird von Reihe zu Reihe versetzt. Dadurch entsteht die schräge Struktur.

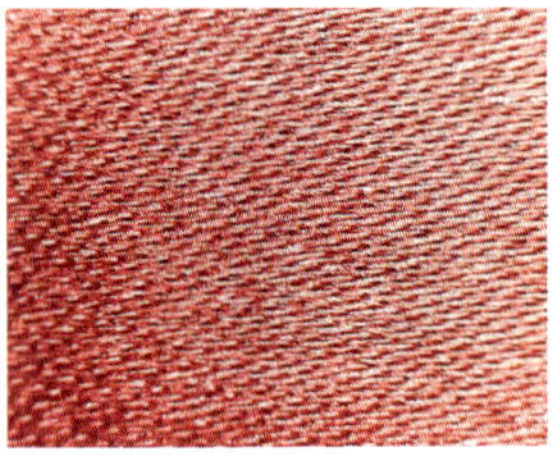

Ein Satin, bei dem die Schussfäden über vier oder mehr Kettfäden gleichzeitig laufen, damit der Glanz der Fasern zur Geltung kommt. (Hier ein Satin aus Seide, andere Fasern können ebenso gewebt werden.)

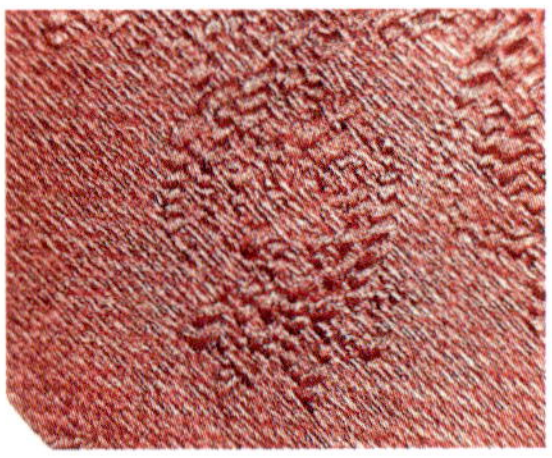

Ein Brokatstoff, bei dem zusätzliche Fäden eingewebt werden, um ein Muster im Stoff zu erzeugen

Ein Samt, bei dem die Kettfäden in Schlaufen verwebt und geschoren sind, sodass der weiche Flor entsteht.

Verlaufen die Schussfäden immer abwechselnd über und unter einem Kettfaden, spricht man von einer Leinwandbindung. Läuft ein Schussfaden über zwei oder drei Kettfäden gleichzeitig, entsteht eine Köperbindung, die als eine Reihe von diagonalen Rillen erscheint. Und verläuft ein seidiger Schussfaden über vier oder mehr Kettfäden, entsteht die schimmernde Oberfläche einer Satinbindung. Auf komplizierten Jacquard-Webstühlen können viele zusätzliche Fäden eingearbeitet werden, um aufwendig gemusterte Jacquards und Brokatstoffe herzustellen. Kett- oder Schussfäden können doppelt genommen, in Schlingen verarbeitet und dann geschoren werden, etwa für Samt (Kettflor) oder Velours (Schussflor), und es gibt noch viele andere Möglichkeiten. Unabhängig davon, für welchen Stoff du dich entschieden hast, muss bei gewebten Stoffen immer auf die drei Faserrichtungen geachtet werden.

Fadenlauf: Einer der wichtigsten Faktoren bei der Verarbeitung, da sich ein Stoff je nach Schnitt unterschiedlich verhält – ein unbeabsichtigter falscher Schnitt kann von großem Nachteil sein. Wenn du z. B. einen figurnahen Rock versehentlich leicht schräg zuschneidest, kann er durchhängen oder sich auf eine Weise dehnen, die nicht beabsichtigt ist.

Grundsätzlich sollte der Fadenlauf parallel zur Längsachse des Körpers verlaufen. Es gibt allerdings auch Fälle, in denen diese Regel gebrochen werden kann.

Das liegt daran, dass unsere Kleidung in der Regel gerade am Körper hängen soll, und senkrecht verlaufende Gewebefäden entsprechen dem vertikalen Einfluss der Schwerkraft. Die Schwerkraft wirkt auch auf schräg geschnittene Kleidungsstücke und führt dazu, dass sie dazu neigen, sich mit der Zeit zu dehnen. Wer also ein Kleid oder einen Rock im schrägen Fadenlauf zuschneidet, sollte die Stoffteile vor dem Nähen einige Tage aufhängen, damit sie sich natürlich dehnen können. Die überschüssige Länge kann später abgeschnitten werden, um einen geraden Saum zu erhalten.

Der schräge Zuschnitt kann seine Vorteile haben. Vor der Erfindung von Gummibändern und Elasthan wurden beispielsweise körpernah sitzende Kleidungsstücke oder Teile wie Strümpfe, Ärmel und bestimmte Miederteile oft schräg zugeschnitten, damit sie etwas dehnbar wurden. Dies ist übrigens der Grund, warum die Rauten von Argyle-Mustern auf der Spitze stehen: Ursprünglich handelte es sich um gewebten Karostoff, der schräg verarbeitet wurde. Gestrickt wurden diese Muster erst später.

Strickstoffe (auch gewirkte Stoffe) wie Jersey weisen aufgrund der ineinandergreifenden Maschen eine natürliche Dehnbarkeit auf. Das Stricken ist neben dem Weben eine beliebte Art der Stoffherstellung und kann mit jeder Faserart durchgeführt werden. Beim Filzen werden schuppige Proteinfasern (z. B. von Schafen oder Alpakas) durch mechanische Einwirkung zu einem festen Material verbunden. Gestrickte und gefilzte Stoffe neigen weniger zum Ausfransen als gewebte, Strick kann aber aufribbeln oder Laufmaschen bilden. Gefilzte Stoffe haben keinen Fadenlauf.

Die hintere Mitte dieses Rocks wurde im schrägen Fadenlauf zugeschnitten und hat sich beim Hängen gedehnt, sodass die Saumlinie ungleichmäßig ist.

Bei gestrickten Stoffen ist das Maschenbild oft erkennbar.

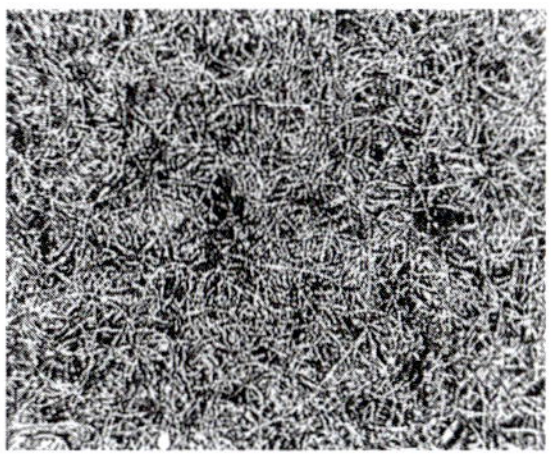

Gefilzte Stoffe bestehen aus kurzen Fasern, die sich durch mechanische Bearbeitung fest ineinander verhaken.

Stoffe vorbereiten

Normalerweise sollte man Stoff so vorwaschen, wie später auch das fertige Kleidungsstück gewaschen werden soll. Dadurch wird die Appretur entfernt, die den Stoff vor Flecken auf dem Transport und im Handel schützt, und der Stoff kann einlaufen. Leider waschen nicht alle Textilhersteller die Stoffe vor, denn Materialien mit Appretur lassen sich leichter verarbeiten. Das rächt sich später, wenn man ein Kleidungsstück kauft, dass nach der ersten Wäsche zu eng oder zu kurz ist. Generell gilt: Bei Kleidungsstücken aus waschbaren Materialien, die später regelmäßig gewaschen werden sollen, muss der Stoff vor dem Zuschneiden vorgewaschen werden.

Richtig vorwaschen

Leinen: Maschinenwäsche, trocknen auf der Wäscheleine. Im Trockner werden die Fasern schneller brüchig.

Baumwolle: Maschinenwäsche, Wäschetrockner.

Wolle: Am besten vorsichtig von Hand waschen. Kann bei starkem Reiben oder in der Maschine filzen. Zur Vorbehandlung am besten auf ein feuchtes Laken legen, beide Lagen zusammen aufrollen und über Nacht liegen lassen. Mit einem Bügeleisen trocken dämpfen. So kann der Stoff einlaufen, ohne zu verfilzen.

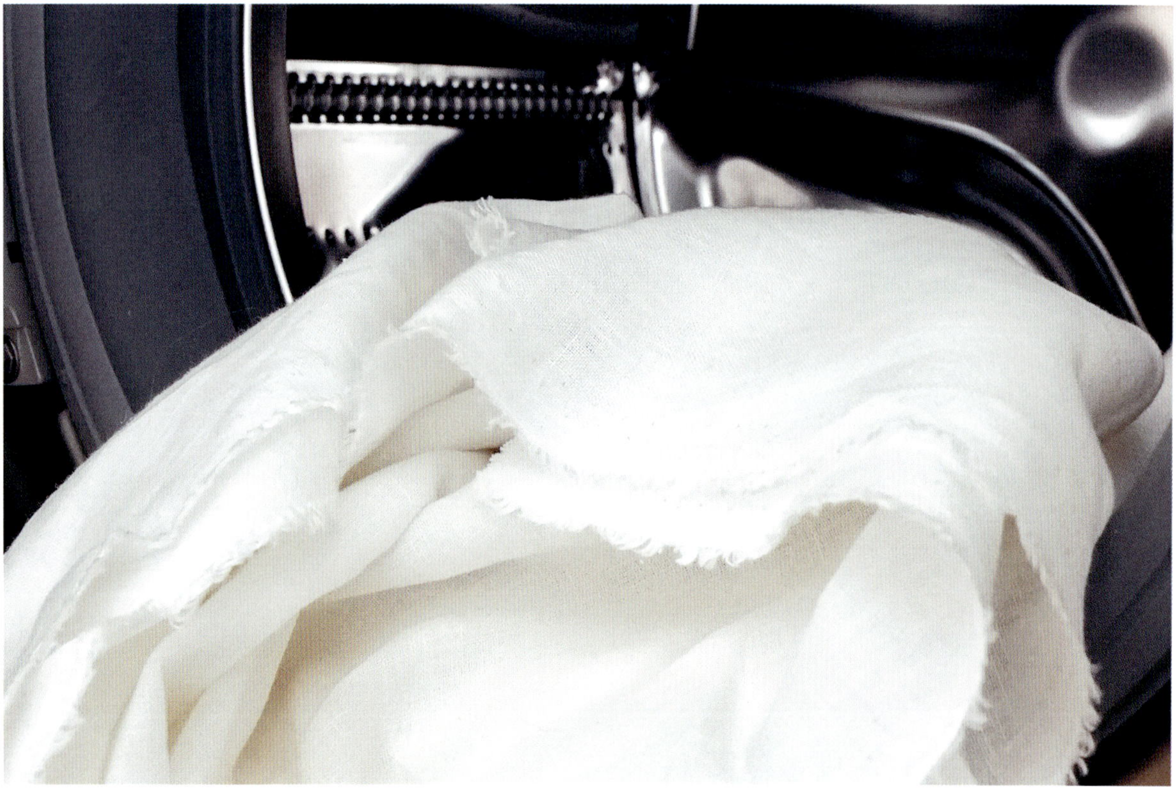

Seide: Das Vorwaschen ist nicht nötig, wenn das fertige Kleidungsstück später nur chemisch gereinigt wird. Falls der Stoff nass gemacht werden muss, immer die ganze Stoffbahn (oder das ganze Kleidungsstück) ins Wasser legen und auf der Wäscheleine trocknen. Andernfalls können Wasserflecken entstehen.

Synthetische Stoffe: Maschinenwäsche, Wäschetrockner. Auf niedriger Stufe bügeln, damit der Stoff nicht schmilzt. Am besten vorher einen Bügeltest auf einem Stoffrest oder einer unauffälligen Stelle machen.

Vor dem Vorwaschen sollten alle Schnittkanten versäubert werden, sonst können sie in der Waschmaschine ausfransen. Dadurch können mehrere Zentimeter verloren gehen. Das Versäubern lässt sich schnell mit einer Overlock erledigen. Alternativ die Kanten doppelt einschlagen und mit langen Heftstichen fixieren (siehe auch Seite 59 und 60).

Nach dem Waschen den Stoff bügeln, um Knitter und Falten zu beseitigen und um den Fadenlauf zu begradigen, der sich beim Waschen verziehen kann. Dabei das Bügeleisen mit geringem Druck längs oder quer über den Stoff bewegen, aber niemals schräg, sonst kann sich der Fadenlauf noch stärker verziehen.

Falls der Stoff verzogen ist, genügt es oft, ihn schräg zum Fadenlauf in der entgegengesetzten Richtung kräftig wieder gerade zu ziehen.

Zuschneiden

Vor dem Zuschneiden muss unbedingt überprüft werden, ob in den Schnittmustern die Nahtzugabe bereits enthalten ist, oder ob sie beim Zuschnitt noch zugegeben werden muss. Bei modernen gekauften Schnittmustern ist die Nahtzugabe häufig enthalten, bei historischen Schnittmustern (z. B. aus Primärquellen, in Schnittmusterhandbüchern, Theaterkostümschnittmustern oder Texten wie Janet Arnolds Patterns of Fashion-Serie) ist das normalerweise nicht der Fall. Wer Schnittmuster selbst entwirft, kann in dieser Frage frei entscheiden. Es ist aber ratsam, entsprechende Notizen auf die Schnittmuster zu schreiben, falls sie später noch einmal verwendet werden sollen.

Wenn in kommerziellen Schnittmustern keine Nahtzugabe enthalten ist, findet sich normalerweise ein entsprechender Hinweis in der Beschreibung.

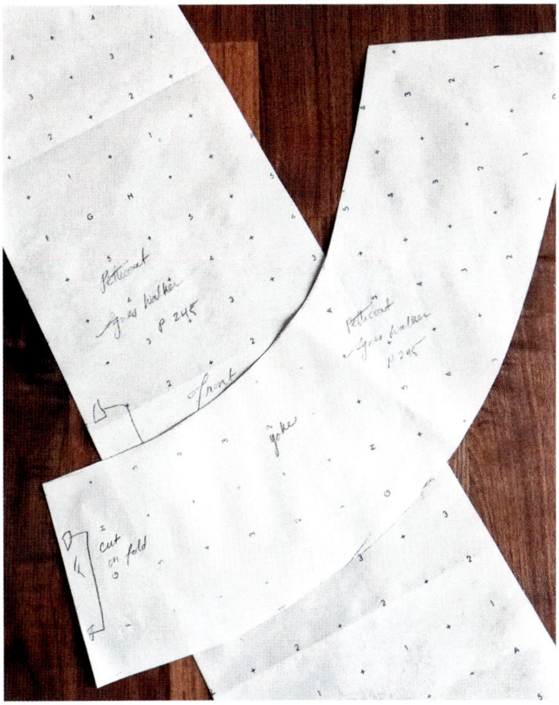

Schnittmuster ohne eingezeichnete Nahtzugabe

Alte Nähmaschine ohne Maßskala neben dem Nähfuß. Ist die Nahtzugabe breiter als die der Nähfuß, muss sie angezeichnet werden.

Jedes System hat seine Vor- und Nachteile, je nachdem, ob man mit der Hand, einer alten oder modernen Maschine nähen möchte.

Bei Schnittmustern mit Nahtzugabe beispielsweise geht das Zuschneiden viel schneller, zum Nähen ist aber eine moderne Maschine hilfreich, die auf der Stichplatte eine Skala hat, um einen gleichmäßigen Abstand zur Stoffkante einzuhalten. Wer jedoch von Hand oder mit einer antiken Nähmaschine nähen will, muss die Nahtzugabe mit einem Lineal manuell einmessen und die Nahtlinie einzeichnen, denn diese ist notwendig, damit das Kleidungsstück später die richtige Größe hat.

Angezeichnete Nahtlinie zum Nähen mit der Hand.

In historischen Schnittmustern und auch in modernen Schnittmustern für die Kostüm- und Maßschneiderei ist die Nahtzugabe häufig nicht enthalten. So kann jeder die Breite selbst bestimmen. Manchmal ist vielleicht eine schmale Nahtzugabe wünschenswert, etwa an einem schmalen Kragen. In anderen Fällen muss sie breiter sein, etwa wenn der Stoff stark ausfranst oder wenn an heiklen Stellen wie dem Übergang zwischen Ärmel und Vorder- bzw. Rückenteil etwas Spielraum für die Passform erwünscht ist. Nützlich ist eine breitere Nahtzugabe auch für Personen, die zu Größenschwankungen neigen und ein Kleidungsstück bei Bedarf enger oder weiter machen möchten. Ein Schnittmuster ohne Nahtzugabe erspart außerdem das Einmessen der tatsächlichen Nahtlinien, wenn man von Hand oder mit einer alten Maschine nähen will.

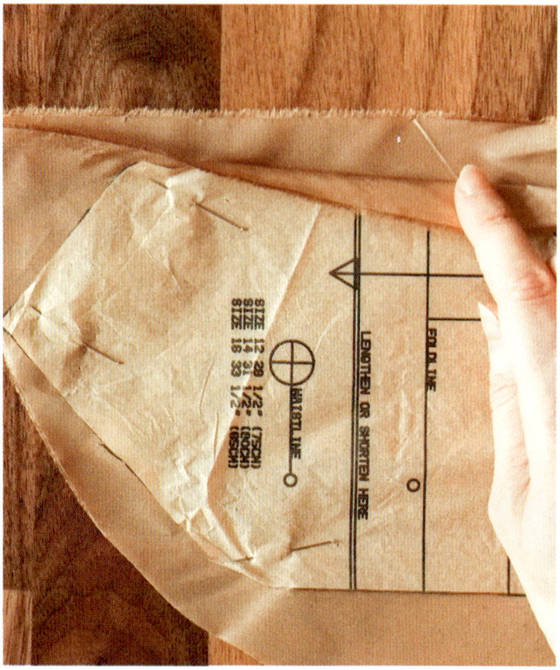

Zuschnitt aus doppelt gelegtem Stoff

Einfach oder doppelt?

Es ist üblich, zum Zuschneiden von zwei symmetrischen Teilen den Stoff in Längsrichtung zu falten und beide Teile in einem Arbeitsgang zuzuschneiden. Bei stabilen Stoffen wie Baumwolle oder Wolle ist dies sinnvoll. Bei Stoffen, die locker gewebt oder sehr glatt sind und leicht verrutschen, ist es ratsam, jedes Teil einzeln zuzuschneiden. Auf diese Weise ist gewährleistet, dass der Fadenlauf bei beiden Teilen korrekt ist. Der richtige Fadenlauf ist für den Sitz und Fall des fertigen Kleidungsstücks sehr wichtig, darum lohnt es sich wirklich, beim Zuschneiden aufmerksam und sorgfältig vorzugehen.

Zuschnitt aus einlagigem Stoff

Zuschnitt nach Schnittmuster mit Nahtzugabe: Das Schnittmuster auf den Stoff legen, exakt im Fadenlauf ausrichten und feststecken. Direkt an der Papierkante entlang schneiden.

Anzeichnen der Nahtlinie zum Nähen von Hand: Nach dem Zuschneiden an allen relevanten Kanten die Nahtlinie anzeichnen. Ein Lineal verwenden, um die Breite der Nahtzugabe einzuhalten. Dieser Schritt ist nicht notwendig, wenn mit einer modernen Nähmaschine mit einer Maßskala auf der Stichplatte genäht werden soll.

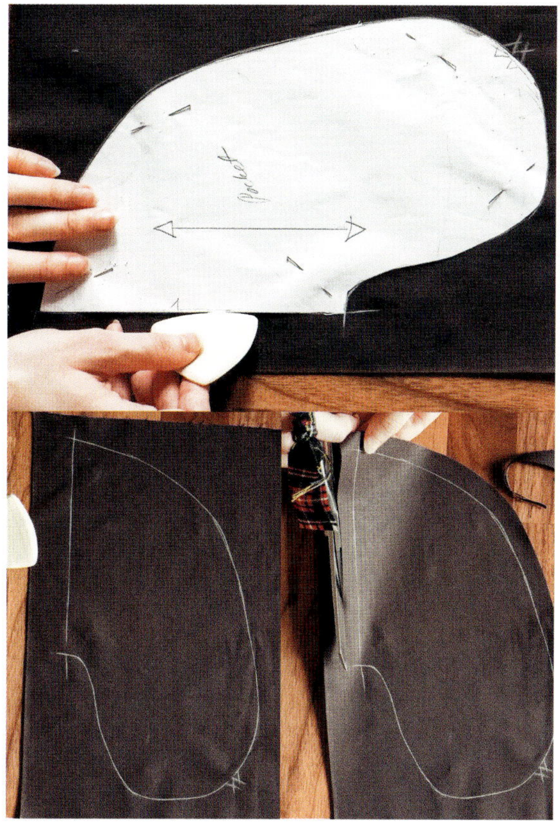

Zuschnitt nach Schnittmuster ohne Nahtzugabe: Das Schnittmusterteil im Fadenlauf auf den Stoff legen und beschweren oder feststecken. Die Umrisse exakt mit Bleistift oder Kreide auf den Stoff zeichnen. Dann die Nahtzugabe zusätzlich anzeichnen und den Stoff auf dieser äußeren Linie zuschneiden. Alternativ kann die Nahtzugabe auch beim Zuschneiden nach Augenmaß geschätzt werden. Eine genaue Messung der Nahtzugabe ist nicht unbedingt erforderlich, weil ja auf der angezeichneten Nahtlinie genäht wird.

Markierungsfäden

Manchmal genügt eine angezeichnete Linie nicht. Dann lohnt es sich, Markierungen zusätzlich mit langen Heftstichen anzubringen. Das kann der Fall sein, wenn Kreide oder Bleistiftstriche auf dem jeweiligen Stoff schlecht halten. Dieses Problem ist typisch für Wolle und Filz. Es ist zwar schön, wenn auf dem fertigen Kleidungsstück keine Markierungslinien zu sehen sind, doch während des Nähens muss der Stoff häufig angefasst werden, und es ist ärgerlich, wenn die Markierungen dabei verschwinden. Dasselbe kann auch passieren, wenn man die Arbeit unterbrechen und das unfertige Stücke eine Weile liegen lassen muss.

Bei feineren Stoffen wie Seidentaft halten Kreidestriche deutlich länger. Es lohnt sich also, frühzeitig auszuprobieren, ob Striche genügen oder zusätzliche Markierungen notwendig sind.

Hilfreich sind Markierungsstiche auch, wenn die Nahtlinie auf beiden Seiten des Stoffes sichtbar sein soll, etwa wenn mehrere Stofflagen zusammengenäht werden oder wenn eine Rechts-Links-Naht (französische Naht) gearbeitet wird. Die geheftete Markierungslinie ist auf beiden Stoffseiten zu sehen und gibt eine gute Orientierung.

Die Heftstiche in 1 mm Abstand zur Nahtlinie arbeiten, damit sie nicht beim Nähen mitgefasst werden uns sich später leicht herausziehen lassen.

Geheftete Markierungslinien auf einem Taschenbeutel

Für die Markierung werden sehr lange Heftstiche in 1 mm Abstand zur Nahtlinie gearbeitet. Hier geht es um Schnelligkeit und nicht um Haltbarkeit, denn die Stiche werden später entfernt. Anfang und Ende der Fäden müssen nicht verknotet oder anderweitig gesichert werden. Wichtig ist, nicht genau in der Nahtlinie zu heften, sonst werden die Stiche später beim Nähen mitgefasst und lassen sich nur mühsam wieder herausziehen. Sehr wichtig ist, Passknipse, Abnäher oder Biesen deutlich zu markieren. Alle Markierungen sollten etwa 2,5 cm über die eigentliche Linie hinaus verlängert werden, damit alle Ecken, Kreuzungen und Überschneidungen gut zu erkennen sind.

Wichtig: Beim Auflegen der Schnittmuster und beim Zuschneiden immer auf den Fadenlauf achten. Auf handelsüblichen Schnittmustern ist er üblicherweise als langer Pfeil mit Spitzen an beiden Enden eingezeichnet. Dieser Pfeil muss parallel zur Webkante ausgerichtet werden. Um das zu überprüfen, wird an mehreren Stellen von der Webkante bis zum Pfeil gemessen. Wer mit einem selbst entworfenen oder einem historischen Schnittmuster arbeitet, bei dem kein Fadenlauf eingezeichnet ist, muss sein Wissen über den Fall des Stoffs und das Aushängen (siehe Seite 25) nutzen, um zu entscheiden, welcher Fadenlauf für den Schnitt am besten geeignet ist. Stücke im geraden Fadenlauf (parallel zur Längsachse des Körpers) sind stabil und hängen sich nicht aus. Der schräge Fadenlauf sorgt für Dehnbarkeit, die engen Ärmeln oder Hosenbeinen etwa Elastizität geben kann. Bei historischen Korsetts und Miedern wurden die Vorderteile oft schräg zugeschnitten, damit sie gut auf Figur saßen. Anweisungen zum Fadenlauf sollten immer befolgt werden, denn schon geringe Abweichungen können bewirken, dass ein Kleidungsstück schlecht sitzt.

Die Fadenlauf-Markierung auf dem Schnittmuster muss parallel zur Webkante oder zu einer geraden Linie in einem gewebten Muster verlaufen. Im Zweifelsfall nachmessen!

Knipse am Schnittmuster werden auf die Stoffkanten der zugeschnittenen Teile übertragen. Sie sind wichtig, um Teile korrekt aneinander auszurichten.

Knipse

An den Rändern gekaufter Schnittmuster findet man oft kleine dreieckige Markierungen, die man Knipse nennt. Sie helfen, Unklarheiten beim Ausrichten verschiedener Teile zu vermeiden. Beim Einsetzen eines Ärmels in einen Armausschnitt kann es sonst leicht passieren, dass man versehentlich den linken Ärmel ins rechte Armloch setzt. Manchmal sind auch zwei oder drei Knipse angezeichnet, um Verwechslungen mit anderen Markierungen zu vermeiden.

Die Knipse müssen von den Schnittmusterteilen auf die Stoffteile übertragen werden – entweder mit Bleistift oder als angeschnittene, nach außen gerichtete kleine Dreiecke (nicht die Nahtzugabe einschneiden!), um später beim Zusammennähen den Überblick zu behalten.

Wer selbst Schnittmuster entwickelt und dabei Stoff über eine Schneiderpuppe drapiert, sollte unbedingt an entscheidenden Punkten wie Armausschnitten, Ärmeln oder an Teilungsnähten Knipse einzeichnen, um die Teile später korrekt zusammenzusetzen.

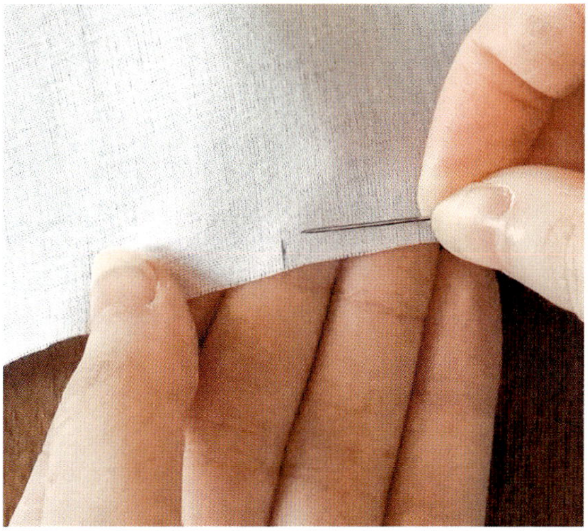

Exakter Fadenlauf? Fäden ziehen!

Mit dieser Technik erhält man Linien, die exakt im Fadenlauf verlaufen, sie eignet sich aber nur für rechteckige oder quadratische Formen, die aus Stoff in Leinenbindung zugeschnitten werden. Das Verfahren ist etwas mühsam und kostet mehr Zeit als der Zuschnitt nach Augenmaß, aber die Teile fallen in Bezug auf den Fadenlauf absolut perfekt aus.

An dem gewünschten Punkt mit einer Stecknadel einen Faden aus dem Gewebe lösen. Diesen Faden auf der gesamten Länge des zuzuschneidenden Teils aus dem Gewebe ziehen. Für die Breite des Teils ebenso einen Faden in der anderen Richtung herausziehen. Heutige Stoffe sind oft aus relativ locker gedrehten Fäden gewebt, die beim Herausziehen leicht reißen. In diesem Fall einfach das abgerissene Ende mit der Stecknadel aus dem Stoff lösen und daran ziehen.

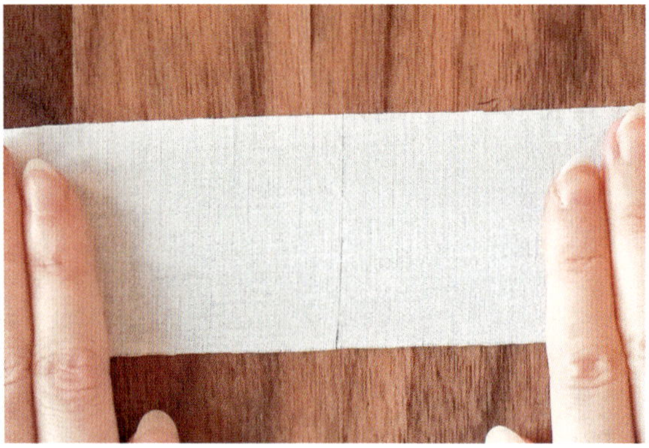

Allmählich entstehen so kleine Lücken im Gewebe, die den genauen Umriss der gewünschten Form bilden. Jetzt muss nur noch die Schere exakt in diesen Lücken geführt werden, um die Form zuzuschneiden.

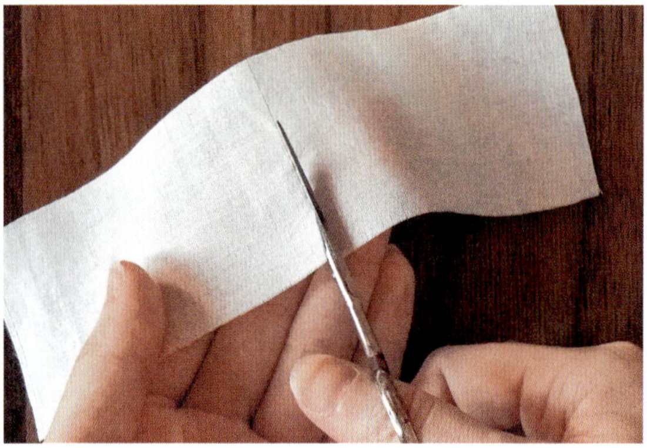

Eine schnellere, aber nicht ganz so präzise Methode besteht darin, exakt zwischen zwei Gewebefäden zu schneiden. Dadurch lässt sich die Zeit für das Ziehen der Gewebefäden einsparen, allerdings ist es gerade bei feinerem Gewebe nicht so leicht, mit den Augen den einzelnen Gewebefäden zu folgen. Es lohnt sich aber, diese Methode wenigstens einmal auszuprobieren.

Stecken

Es empfiehlt sich, Stoffteile vor dem Nähen mit Stecknadeln provisorisch aufeinander zu fixieren. Nähbegeisterte sind sich nicht einig, ob man die Nadeln parallel zur Nahtlinie oder rechtwinklig stecken sollte. Ich finde, dass beide Methoden ihre Vor- und Nachteile haben.

Rechtwinklig zur Nahtlinie: Diese Methode ist sinnvoll beim Nähen mit der Maschine, weil man die Nadeln schnell und einfach entfernen kann, ohne jedes Mal anzuhalten, wenn eine Nadel erreicht ist. Allerdings können sehr glatte Stoffe bei dieser Methode leichter verrutschen. Im Allgemeinen wird davon abgeraten, mit Haushaltsnähmaschinen über Stecknadeln zu nähen. Wer jedoch eine Industriemaschine verwendet (oder sehr langsam näht und eine Schutzbrille trägt), kann vorsichtig über rechtwinklig eingesteckte Nadeln hinwegnähen. Das ist nicht möglich, wenn die Nadeln parallel zur Nahtlinie gesteckt werden.

Stecknadeln rechtwinklig zur Nahtlinie

Parallel zur Nahtlinie

Schräg zur Nahtlinie

Parallel zur Nahtlinie: Bei dieser Methode hält jede Nadel ein längeres Stück Stoff, er verrutscht also nicht so leicht. Wenn bei Schnittmustern ohne Nahtzugabe die Nahtlinie markiert wurde, kann man sie auf beiden Stoffseiten markieren, indem man die Nadeln genau auf der Linie durch den Stoff steckt. Beim Nähen mit der Maschine muss man allerdings an jeder Nadel anhalten und sie herausziehen, bevor die Naht fortgesetzt werden kann. Zum Nähen mit der Hand ist sie andererseits gut geeignet, weil das schnelle Herausziehen der Nadeln keine Rolle spielt, die Präzision hingegen ein Gewinn ist.

Schräg zur Nahtlinie: Diese Methode bevorzuge ich beim Nähen mit der Maschine. Sie ist ein schöner Kompromiss zwischen den beiden vorherigen Methoden. Die Nadeln lassen sich schnell einstecken und auch zügig wieder herausziehen, ohne die Maschine dauernd anzuhalten.

Im Stoff entstehen durch die Stecknadeln kleine Wellen

Durch die Stecknadeln entstehen kleine Wellen im Stoff. Das ist bei den meisten Stoffen kein Problem, kann aber lästig sein, wenn es bei glatten oder rutschigen Stoffen auf Präzision ankommt, etwa wenn zwei Teile aus Futtertaft sauber zusammengenäht werden sollen oder wenn zarter Stoff wie Charmeuse oder Organza verarbeitet wird. Damit der Stoff nicht verrutscht oder versehentlich Fältchen festgenäht werden, empfiehlt es sich, die Teile zuerst zusammenzustecken, dann zu heften und erst danach endgültig zu nähen.

Stückeln

Früher war Stoff teuer – und manchmal ist er es noch heute. Vor der Industrialisierung, als noch alle Stoffe von Hand auf Webstühlen gefertigt wurde, kaufte man nur so viel Stoff, wie man wirklich benötigte, und war beim Zuschnitt äußerst sparsam. Bis zur Wende zum 20. Jahrhundert war es üblich, größere Teile aus kleinen zusammenzusetzen. Ob Alltags- und Arbeitskleidung oder höfische Gewänder: an den zahlreichen Nähten ist gut zu erkennen, wie gestückelt wurde. [«2]

Stoff war nicht nur wertvoll und durfte daher nicht verschwendet werden, er wurde außerdem auf schmalen Webstühlen hergestellt und war nicht in großen Breiten erhältlich. Manche teuren Seidenstoffe waren nur etwa 51 cm breit.[5] Also musste man größere Teile aus kleineren zusammensetzen, manchmal ohne Rücksicht auf die Übereinstimmung mit dem Muster oder den Fadenlauf.

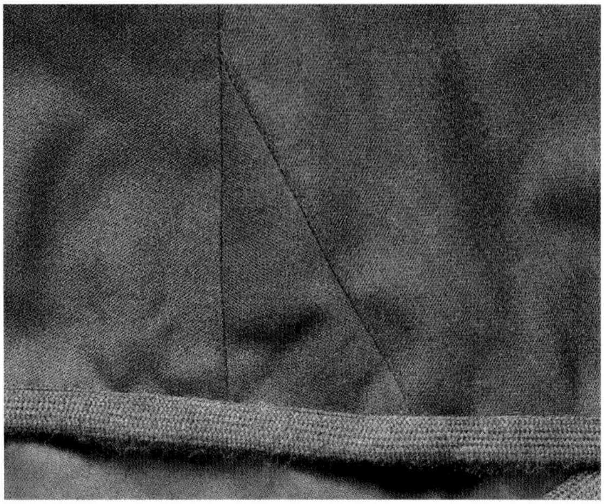

Wer also Geld sparen und Verschnitt vermeiden möchte, kann seine Teile wie ein Puzzle zusammensetzen. Diese Technik ist auch hilfreich, um Zuschneidefehler auszumerzen – etwa eine versehentlich abgeschnittene Ecke. Wer stückelt, ist in bester Gesellschaft und bewahrt eine alte Tradition.

Porträt: Claudia Vogt

Überall, wo ich hingehe, starren mich die Leute an. Es spielt keine Rolle, was ich anhabe. Die Leute sehen meinen Rollstuhl und stellen Vermutungen an. Selbst wenn ich meinen Rollstuhl nicht benutze, sind die Leute schockiert, sobald ich ihn erwähne. »So schlimm kann deine Behinderung doch nicht sein?« Doch, das ist sie.

Die Menschen haben völlig überholte Vorstellungen davon, was eine Behinderung bedeutet. Und mit einer variablen Erkrankung wie meiner, der myalgischen Enzephalomyelitis (ME), passe ich einfach nicht in das Klischee, das die Leute im Kopf haben. Ich muss ständig gegen eine Geschichte ankämpfen, die andere für mich schreiben. Mal stellen sie mich als tragisches Opfer dar, mal als Inspiration für die »Überwindung meiner Behinderung«. Ich möchte nicht bemitleidet werden, damit andere sich besser fühlen. Ich möchte einfach mein Leben leben. Und meine Kleidung hat mir die Möglichkeit gegeben, die Geschichte so erzählen, dass sie die Person widerspiegelt, die ich wirklich bin.

Mir gefällt ein femininer, aber erwachsener Stil, darum ist das Goldene Zeitalter Hollywoods meine beste Inspirationsquelle. Der Stil der 1930er und 40er Jahre verkörpert alles, was man von einer behinderten Person nicht erwartet: viel Glamour, Weiblichkeit und, ich wage es zu sagen, Sexappeal. Ich liebe es, die allgemeinen Erwartungen zu unterlaufen. Es gibt mir das Gefühl, die Kontrolle über meine Identität zu haben, zumal ich aufgrund meiner Einschränkung so viel Kontrolle an andere abgeben muss.

Angefangen habe ich einfach mit dem Kauf von Vintage-Kleidung. Die Jagd und der Nervenkitzel gehören dazu und machen mir viel Spaß, aber wenn man nur begrenzte Mittel (und Energie) hat, ist man in seinen Kaufmöglichkeiten stärker eingeschränkt. Viele meiner Kleidungsstücke sind modern und Secondhand, aber so gestaltet, dass sie wie Vintage aussehen. Als ausgebildete Kostümbildnerin habe ich einige Erfahrung darin, neuen Kleidungsstücken einen historischen Charakter zu geben. Oft genügen schon Kleinigkeiten, etwa andere Knöpfe und aufgesetzte Spitzen. Solche kleinen Projekte sind ein guter Anfang für alle, die sich nicht an größere Projekte herantrauen, die wenig Zeit oder wenig Energie haben.

Trotz meiner Gesundheit schneidere ich meine komplette Garderobe selbst. Das ist ein wichtiges kreatives Ventil für mich und gibt mir die beste Kontrolle darüber, wie ich mich präsentiere und meine Persönlichkeit ausdrücke. Im Laufe der Jahre habe ich mir viele kleine Tricks einfallen lassen, die es mir ermöglichen, auch dann weiter zu nähen, wenn es gesundheitlich schwierig ist. Ich benutze einige Hilfsmittel, aber meistens gehe ich einfach in meinem eigenen Tempo vor und denke daran, viele Pausen zu machen. Und wenn es gar nicht geht, stricke ich im Liegen. Mir geht es nicht darum, dass Dinge schnell fertig werden. Wichtiger ist, dass sie für mich richtig sind. Das gilt für den Herstellungsprozess ebenso wie für das fertige Produkt.

Ich glaube wirklich, dass wir jedes Mal, wenn wir uns anziehen, eine künstlerische Aussage über die Person machen, die wir sind, oder vielmehr über die Person, die wir anderen zeigen wollen. Wenn die Leute mich anstarren, möchte ich, dass sie mehr sehen als eine Rollstuhlfahrerin. Ich möchte, dass sie sehen, wer ich bin.

– Claudia Vogt (sie/ihr)

Stiche

Langlebige Kleidung

Da heute schnelle und leistungsstarke elektrische Nähmaschinen zur Verfügung stehen, nähen wir nur selten mit der Hand – und dann meist mühselige Kleinigkeiten, die Maschinen nicht erledigen können. Leider führt das dazu, dass unsere Handstiche – wenn wir sie denn beherrschen – meist fein und zart sind, also nicht unbedingt geeignet für die Herstellung langlebiger, strapazierfähiger Kleidungsstücke.

Auch wenn die Näharbeiten des 19. Jahrhunderts filigran aussehen mögen, waren diese Kleidungsstücke für eine lange Lebensdauer ausgelegt. Nähmaschinen gab es erst in der zweiten Hälfte des Jahrhunderts, und sie waren anfangs sehr teuer. Darum wurde ein Großteil der Arbeiten – vor allem bei selbst genähten Kleidungsstücken – von Hand ausgeführt. In den meisten Nähbüchern für den Haushalt, die bis zur Jahrhundertwende erschienen, wird das Nähen mit der Maschine kaum erwähnt. Vor der Einführung elektrischer Industriemaschinen, die heute die Massenproduktion ermöglichen, nahm die Herstellung von Kleidungsstücken mehr Zeit in Anspruch. Für Kund:innen des 19. Jahrhunderts war es undenkbar, beispielsweise eine Bluse für 10 Euro kaufen zu können. Die Menschen besaßen relativ wenige Kleidungsstücke [6] und es war keineswegs üblich, jeden Monat etwas Neues zu kaufen. Damit sich die Anschaffungskosten der Kleidung amortisierten, musste sie lange halten, und um das zu gewährleisten, waren handwerkliches Geschick beim Nähen und Ausbessern unerlässlich.

In diesem Kapitel lernst du einige wichtige Techniken kennen, die du brauchst, um neue Kleidungsstücke zu nähen oder vorhandene auszubessern.

Aber zuerst geht es um die Werkzeuge, die dafür erforderlich sind.

Einige Werkzeuge sind meiner Meinung nach zum Nähen absolut notwendig. Andere sind nicht unerlässlich, aber gut zu haben.

Notwendige Werkzeuge

Nadeln

Ohne Nadeln kann man nicht nähen. Ich habe gerne eine Auswahl an verschiedenen Längen und Stärken für verschiedene Stoffe zur Hand. Meistens verwende ich eine Nadel Nr. 10. Sie ist recht klein und schlank, man kann mit ihr also schöne kleine Stiche nähen. Für dickere Stoffe wie beispielsweise schwere Wolle kann eine längere Nadel erforderlich sein, da die Dicke des Stoffes mehr Nadellänge pro Stich beansprucht. Auch zum Heften eignet sich eine längere Nadel am besten, weil hierbei mit langen Stichen gearbeitet wird. Nützlich ist außerdem eine dicke Sticknadel ohne Spitze, um Bänder oder Kordeln durch Ösen zu fädeln und in Tunnel einzuziehen. Dicke Nadeln können in zarter Seide allerdings sichtbare Löcher hinterlassen und lassen sich oft nur schwer durch dicht gewebte Stoffe führen. Schlankere Nadeln können beim Nähen von dicken oder festen Stoffen verbiegen, lassen sich aber leichter durch ein dichteres Gewebe führen.

Garn

Auch Garn ist zum Nähen unerlässlich. Meistens wird Polyestergarn verwendet, weil es stabil, preiswert und überall zu bekommen ist und sich zum Nähen von Hand oder mit der Maschine eignet. Garne aus Naturfasern sind umweltfreundlicher und historisch authentisch, lassen sich aber nicht immer mit der Maschine verarbeiten. Leinengarne zum Beispiel scheuern am Öhr der Maschinennadel schnell durch, eignen sich aber sehr gut zum Nähen mit der Hand. Leinenfäden wurden über Jahrhunderte verwendet, bis im 19. Jahrhundert auch Baumwollgarne in Gebrauch kamen. Auch Seidengarn wurde und wird gern verwendet, allerdings wegen seines hohen Preises normalerweise nur für sichtbare Nähte und Ziernähte an Kleidungsstücken aus Seidenstoffen.

Seidengarn ist das stabilste Naturfasergarn, darum wurde es auch an Stellen verwendet, die eine hohe Festigkeit erforderten, z. B. an stark strapazierten Ösen oder Knopflöchern. Leinengarn war bis ins frühe 19. Jahrhundert üblich, weil es überall verfügbar war und wenig kostete. Heutzutage ist es jedoch nicht mehr so leicht zu beschaffen, man kann es aber bei Spezialanbietern bestellen, die sich auf historische Kostüme, Reenactment oder Webereibedarf spezialisiert haben. Garne aus Baumwolle und Seide sind leichter zu finden. Leinengarn muss vor der Verwendung mit Bienenwachs beschichtet werden, um die rauen Fasern zu glätten, die sich sonst im Stoff verfangen und den Faden schwächen würden. Es ist üblich, den gewachsten Faden in Papier zu wickeln und zu bügeln, damit das Wachs schmilzt und in den Faden einzieht kann.

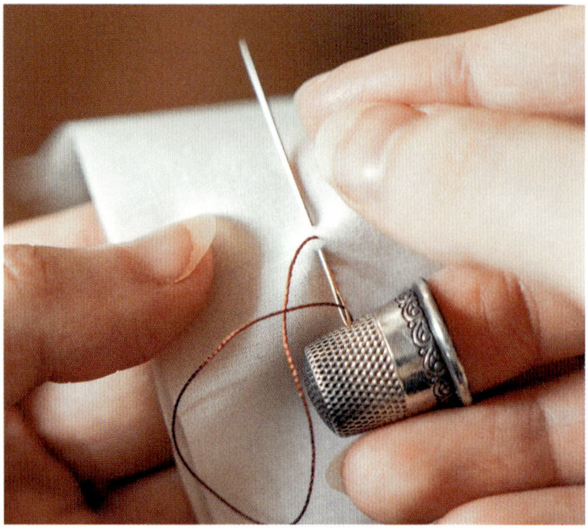

Wachs

Wer mit Leinengarn nähen möchte, braucht einen Block Wachs, um die Leinenfasern des Garns vor dem Gebrauch zu glätten. Auch andere Garne können gewachst werden, um ihre Festigkeit zu erhöhen oder zu verhindern, dass sich das Garn beim Nähen verdreht.

Fingerhut

Ein Fingerhut ist sehr nützlich, man muss sich an die Handhabung allerdings gewöhnen. Wer längere Zeit mit der Hand näht, sollte mit seinen Fingern schonend umgehen, denn wenn die Finger schmerzen, geht es langsamer voran. Es lohnt sich also, sich an einen Fingerhut zu gewöhnen, um auf lange Sicht zügiger nähen zu können.

Der Fingerhut wird am Mittelfinger der dominanten Hand getragen, also an dem Finger, mit dem man die Nadel durch den Stoff sticht. Es gibt Fingerhüte aus hartem Material (Metall oder Kunststoff) und aus Leder.

Einen Fingerhut aus Leder kann man leicht selbst herstellen. Zeichne einfach die Spitze deines Mittelfingers bis zum ersten Gelenk auf zwei Reststückchen Leder und nähe die beiden Hälften mit einem stabilen Faden zusammen (Seite 67). Leder-Fingerhüte halten nicht so lange wie harte Fingerhüte.

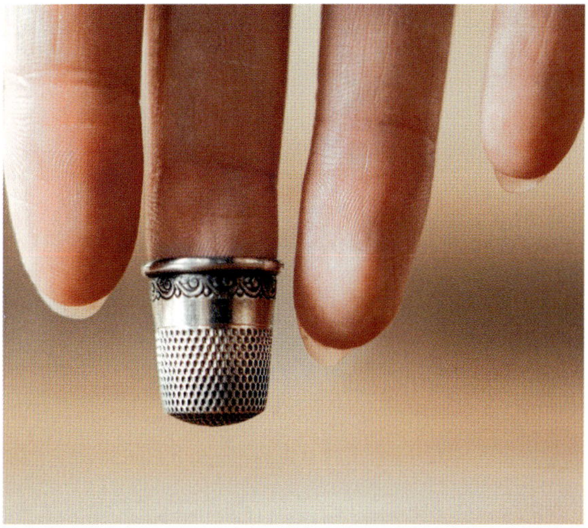

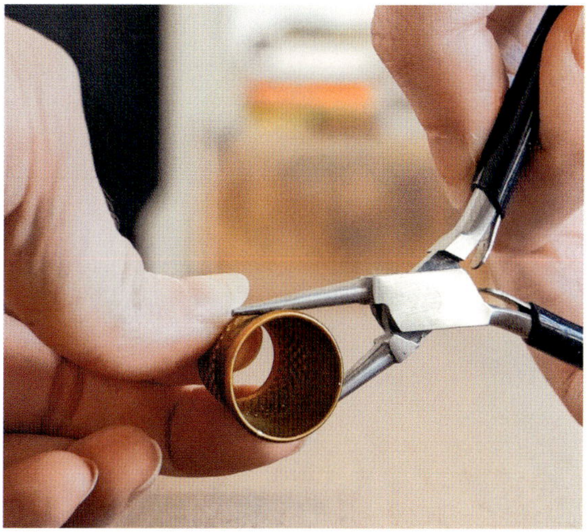

Harte Fingerhüte gibt es mit offener und geschlossener Spitze. Welchen du wählst, hängt davon ab, ob du die Nadel lieber mit der Fingerspitze oder der Fingerkuppe durch den Stoff drückst, und ob du lange Fingernägel hast.

Harte Fingerhüte gibt es in verschiedenen Größen. Der Fingerhut muss gut passen, um damit arbeiten zu können. Es ist einfach lästig, wenn er beim Nähen dauernd vom Finger fällt. Stecke den Fingerhut zur Probe auf den Mittelfinger. Es muss fest sitzen und darf auch nicht herunterfallen, wenn du die Finger nach unten drehst.

Tipp:

Einen Metallfingerhut, der etwas zu groß ist, kann man mit einer Zange vorsichtig zusammendrücken.

An alten Fingerhüten aus vergangenen Jahrhunderten sind oft deutliche Gebrauchsspuren zu erkennen.

Handarbeitsschere

Eine kleine Schere zum Abschneiden von Fäden.

Stecknadeln

Stahlnadeln gibt es seit Jahrhunderten, heute werden meist Nadeln mit Glas- oder Kunststoffkopf verwendet. Eine Länge von 27–32 mm ist für die meisten Zwecke gut geeignet, kürzere Nadeln halte ich für weniger nützlich. Die Stecknadeln sollten nicht zu dick sein (0,6 mm oder weniger). Dickere Nadeln lassen sich schwerer durch den Stoff stecken und können dauerhafte Löcher im Gewebe hinterlassen. Für die Arbeit mit dichten, eng gewebten Stoffen können sehr feine Stecknadeln (0,4–0,5 mm) verwendet werden, die sich allerdings leicht verbiegen.

Maßband

Ich empfehle ein Maßband aus flexiblem Glasfasermaterial. Maßbänder aus Stoff können sich mit der Zeit dehnen und liefern dann keine genauen Ergebnisse mehr. Aus demselben Grund ist es sinnvoll, ein flexibles Maßband gelegentlich an einen starren Zollstock anzulegen, um zu prüfen, ob es sich gedehnt hat.

Für präzise Messungen sollte anstelle eines Maßbands ein starres Messwerkzeug verwenden. Ein Zollstock oder ein langes Lineal aus Holz, Metall oder Kunststoff eignet sich auch besser zum Zeichnen von Schnittmustern. Ein flexibles Maßband ist zum Ausmessen des Körpers erforderlich. Zur Aufbewahrung sollte es nicht fest aufgerollt werden, sonst können sich die äußeren Wicklungen dehnen. Manche Maßbänder haben an beiden Enden eine Verstärkung aus Metall. In diesem Fall muss darauf geachtet werden, ob diese Metallzwinge bereits in der Maßskala inbegriffen ist oder ob die Skala erst nach der Zwinge beginnt.

Kurzer Ausflug in die Geschichte: Lange vor der Einführung des Maßbands wurden Körpermaße mit langen, dünnen Papierstreifen gemessen, wobei jedes Maß direkt auf dem Papierstreifen notiert wurde: Taillenumfang, Armlänge und so weiter. Zahlen waren nicht erforderlich. Dadurch ließen sich Maße sehr leicht halbieren oder vierteln, etwa zum Entwerfen von Schnittmustern. Man faltete einfach den Papierstreifen und übertrug die Länge direkt auf das Papier, ohne Maße dividieren zu müssen. Diese Technik kannst du auch heute anwenden, wenn du kein Maßband hast oder einfach kein »Zahlentyp« bist. In diesem Fall empfehle ich, mit zwei langen Papierstreifen zu arbeiten: einem für die Längen (Innennaht, Außennaht, Schulter bis Handgelenk usw.) und einem für die Umfänge (Taille, Hüfte, Brust usw.). Misst man den ganzen Körper mit einem einzigen Streifen, können die zahlreichen Schriftzüge darauf etwas unübersichtlich werden.

Markierwerkzeuge

Unerlässlich zum Anzeichnen, vor allem bei der Arbeit mit Schnittmustern ohne Nahtzugabe oder wenn das Modell Abnäher oder Biesen enthält. Geeignet sind dafür Bleistifte oder Farbstifte, aber auch Zeichenkohle (für helle Stoffe) und Schneiderkreide (für dunkle Stoffe). Wer mit einem Kreideblock arbeitet, muss darauf achten, dass die Striche immer dünn und präzise ausfallen. Um das zu erreichen, muss die Kante des Kreideblocks regelmäßig geschärft werden, entweder mit einem speziellen Schleifer oder einem Haushaltsmesser. Praktisch sind auch moderne Markierungsstifte, deren Striche entweder nach einiger Zeit selbst verblassen oder durch Bügeln verschwinden.

Bügeleisen

Nähte müssen gut gebügelt werden. Wichtig ist, immer die richtige Temperatureinstellung für den jeweiligen Stoff zu wählen.

Schneiderschere

Wer jemals versucht hat, Stoff mit einer Haushaltsschere zuzuschneiden, versteht, warum ich die Anschaffung einer Schneiderschere empfehle. Papier, Verpackungen und andere Materialien strapazieren die Klingen erheblich, die Schere wird schnell stumpf. Darum ist es wirklich ratsam, eine Schneiderschere zu besitzen und ausschließlich für Stoff zu verwenden. Es gibt Scheren für Rechts- und Linkshänder und auch mit einem speziellen Federmechanismus für Menschen mit eingeschränkter Bewegungsfähigkeit der Hände.

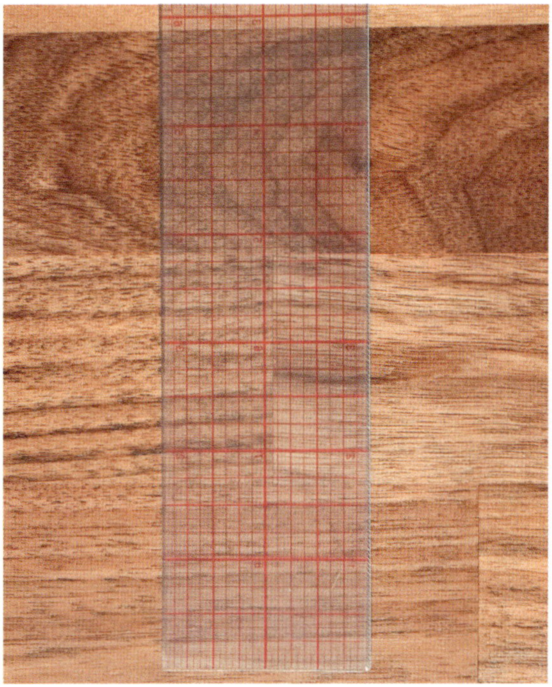

Gut zu haben

Nahttrenner

Fehler passieren, und manchmal muss man etwas auftrennen. Obwohl Nahttrenner praktisch und relativ preiswert sind, benutze ich meinen nur selten. Meistens schneide ich die falschen Stiche einfach mit einer kleinen, spitzen Handarbeitsschere auf.

Quiltlineal

Nützlich zum Messen und zum Zeichnen von Schnittmustern.

Kurvenlineal

Zum Zeichnen von Rundungen in Schnittmustern.

Bügelkissen

Ein gewölbtes Kissen, mit dem sich gerundete Teile von Kleidungsstücken sehr gut bügeln lassen. Auch praktisch zum Feststecken von Teilen, die von Hand genäht werden. Dabei werden die Stoffkanten straff gehalten, die Arbeit geht viel schneller von der Hand und die Nähte sehen sauberer aus.

Ahle

Hilfreich, um Löcher in ein Gewebe zu stechen, ohne die Fäden zu beschädigen, z. B. für Ösen.

Es gibt noch viele andere praktische Hilfsmittel zum Nähen, und laufend werden neue erfunden – vom Schrägbandfalzer über spezielle Lineale zum Markieren gleicher Abstände bis zum magnetischen Nadelhalter. Die meisten braucht man nicht wirklich, aber viele machen die Arbeit leichter (oder machen einfach Spaß).

Anfang und Ende des Fadens

Leinengarn muss vor dem Einfädeln mehrmals über einen Wachsblock gezogen werden, um die Fasern zu glätten und zu stärken.

Einfacher Faden

In diesem Fall wird der Faden eingefädelt und hängt auf beiden Seiten der Nadel herab. Ein Ende ist der Arbeitsfaden, das überstehende Ende kann beim Nähen durch das Nadelöhr gleiten. So ist es möglich, mit einem längeren Faden zu nähen, ohne dass er sich bei der Arbeit verheddert. Der Arbeitsfaden (vom Nadelöhr bis zum Ende) sollte etwa so lang wie dein Unterarm sein. Das überstehende Ende darf nicht länger als der Arbeitsfaden sein. Es kostet weniger Zeit, ab und zu einen Faden zu verknoten und einen neuen zu beginnen, als dauernd einen zu langen Faden zu entwirren.

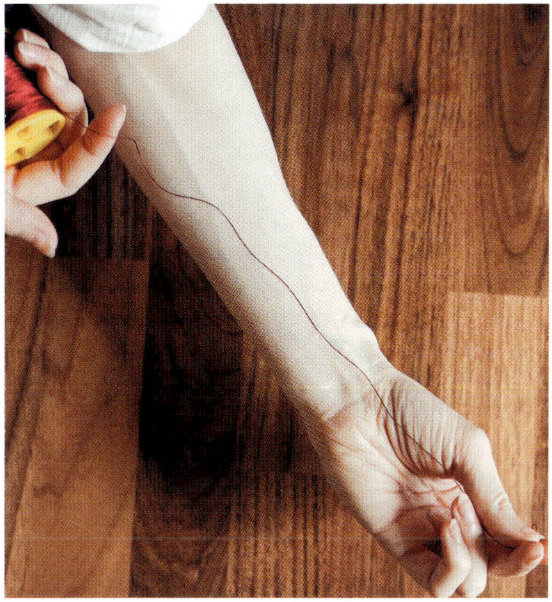

Die Nadel kann frei auf dem Faden hin und her gleiten. Wenn der Arbeitsfaden kürzer wird, zieht man allmählich das überstehende Ende durch die Nadel, bis der Faden insgesamt zu kurz zum Nähen wird.

Doppelter Faden

Wenn Stiche mehr Stoff bedecken sollen, etwa beim Umsticken von Ösen oder Knopflöchern, oder wenn sie besonders stabil sein sollen, wird der Faden meist doppelt genommen. In diesem Fall wird der Faden durch das Nadelöhr geführt und so weit durchgezogen, dass die Enden gleich lang sind. Die Nadel liegt also in der Mitte des Fadens. Die Fadenenden können verknotet werden. Es ist aber genauso effizient (und weniger auffällig), sie im Stoff zu vernähen.

Wenn zwei Stoffteile zusammengenäht werden und der Zwischenraum zwischen den Lagen nicht zu sehen ist, kann das Fadenende auch zwischen den Lagen versteckt werden, um einen sauberen Anfang zu erzielen. Gerade in diesem Fall sollte man die Fadenenden nicht verknoten, weil sich der Knoten abzeichnen würde.

1. Die eingefädelte Nadel in etwas Abstand zum Anfangspunkt der Naht nur durch die oberste Stofflage stechen.

2. Mit der Nadel am Anfangspunkt der Naht wieder ausstechen und den Faden so durchziehen, dass sein Ende zwischen den Stofflagen verschwindet. Vorsicht, den Faden nicht ganz durchziehen!

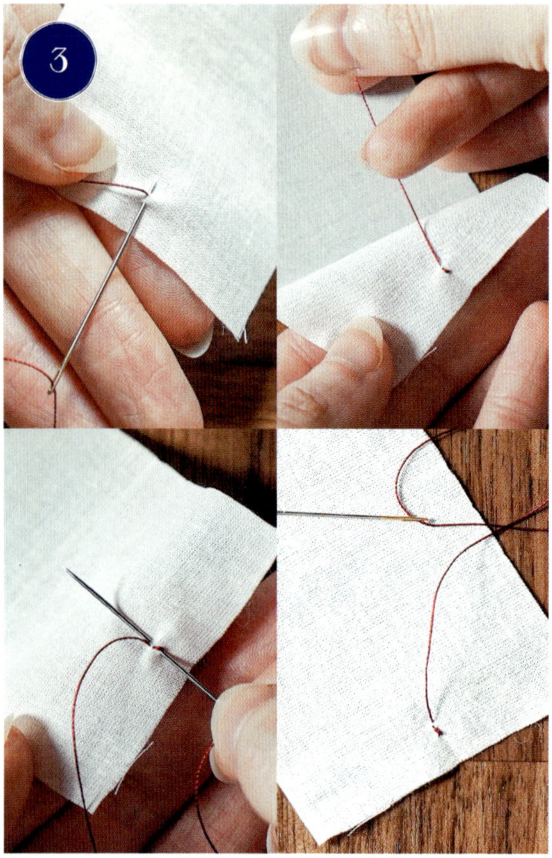

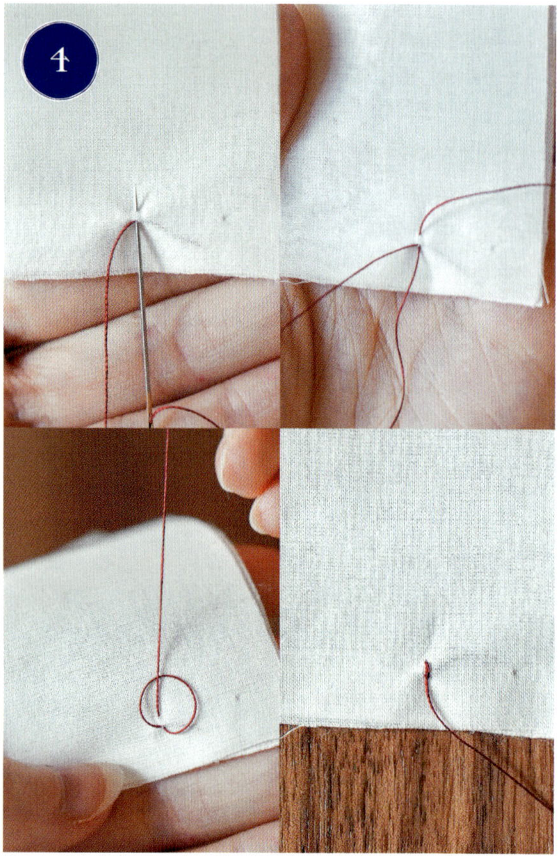

3. Nun mehrere kleine Rückstiche (Seite 63) auf derselben Stelle nähen. Sie sollen etwa so groß sein wie die Stiche der folgenden Naht.

4. Zur Verstärkung kann die Nadel vor dem Festziehen des Fadens durch die Schlaufe geführt werden, sodass ein flacher Knoten entsteht. Dadurch wird der Faden zusätzlich gesichert, der Knoten kann sich aber abzeichnen.

5. Wenn der Faden zur Neige geht, wird der Vorgang in umgekehrter Reihenfolge wiederholt, um das Fadenende sicher zu befestigen: Mehrere kleine Rückstiche nähen und nach Belieben den Faden durch die Schlaufe ziehen, sodass ein Knoten entsteht.

Zuletzt mit der Nadel in etwas Abstand zum Ende der Naht nur durch die obere Lage ausstechen und den überschüssigen Faden abschneiden.

1a

1b

1c

2

Wichtige Stiche

Vorstich

Dies ist der einfachste Stich. Er ist nicht sonderlich haltbar, lässt sich aber sehr schnell nähen. Aus diesem Grund wird er für längere Nähte verwendet, die nicht so stark beansprucht werden müssen, wie z. B. lange Rocknähte oder die Seitennähte eines weiten Kleidungsstücks. Auch zum Stopfen (Seite 180) und zum Heften (Seite 60) wird der Vorstich gern verwendet.

Die Nadel wird in gleichmäßigen Abständen in gerader Linie abwechselnd von oben nach unten und von unten nach oben durch die Stofflagen geführt.

Sind die Stiche kurz (ca. 4 Stiche pro Zentimeter), wird die Naht relativ stabil. Lange Stiche sind weniger stabil, lassen sich aber leicht entfernen und sind darum gut zum Heften geeignet.

Bei gröberem Stoff kann man die Gewebefäden zwischen den Ein- und Ausstichen zählen, damit die Stiche gleichmäßig ausfallen. Bei feinerem Gewebe besteht aber keine Notwendigkeit, die Fäden mit einer Lupe zu zählen.[8] Selbstverständlich sehen akkurate Nähte am schönsten aus, aber das Kleidungsstück soll ja irgendwann fertig werden.

Material

Nadel

Garn

Wachs (bei Bedarf)

Fingerhut

Handarbeitsschere

So wird's gemacht

1. Zuerst den Faden einfädeln und das Ende sichern (siehe Seite 53 und 54), dann mit der Nadel abwechselnd nach unten und oben durch den Stoff stechen. Dabei ist die Zahl der Gewebefäden (oder der Abstand) zwischen den Stichen immer gleich.

2. Bis zum Ende der Naht fortfahren.

So geht es schneller:

Wer den Vorstich sicher beherrscht, braucht nicht mehr jeden Stich einzeln zu arbeiten. Schneller geht es, wenn man die Nadel mehrmals durch den Stoff auf und ab führt und erst dann den Faden durchzieht. Danach den Stoff glätten. Ist der Faden zu straff, kräuselt sich der Stoff. Ist der Faden zu lose, kann er sich verheddern.

Heften

Wenn zwei oder mehr Stofflagen zusammengenäht werden sollen, kann man sie vorher stecken. Dabei können allerdings Wellen im Stoff entstehen, die nicht immer wünschenswert sind. Um das zu vermeiden, heftet man die Stoffe mit einer provisorischen Naht zusammen. Da die Heftnaht nicht sehr stabil sein muss, werden dafür meist lange Vorstiche verwendet, die sich zügig arbeiten lassen. Anfang und Ende des Heftfadens brauchen nicht gesichert zu werden, denn nach Fertigstellung der eigentlichen Naht werden die Heftstiche entfernt.

Material

Lange Nadel

Garn

Fingerhut

Handarbeitsschere

So wird's gemacht

1. Das Heften mit Vorstich wird meist verwendet, um Nähte oder andere lineare Abschnitte eines Kleidungsstücks vorübergehend zusammenzuhalten. Eine alternative Hefttechnik zum Fixieren größerer Stoffbereiche wird auf Seite 73 erklärt.

1a

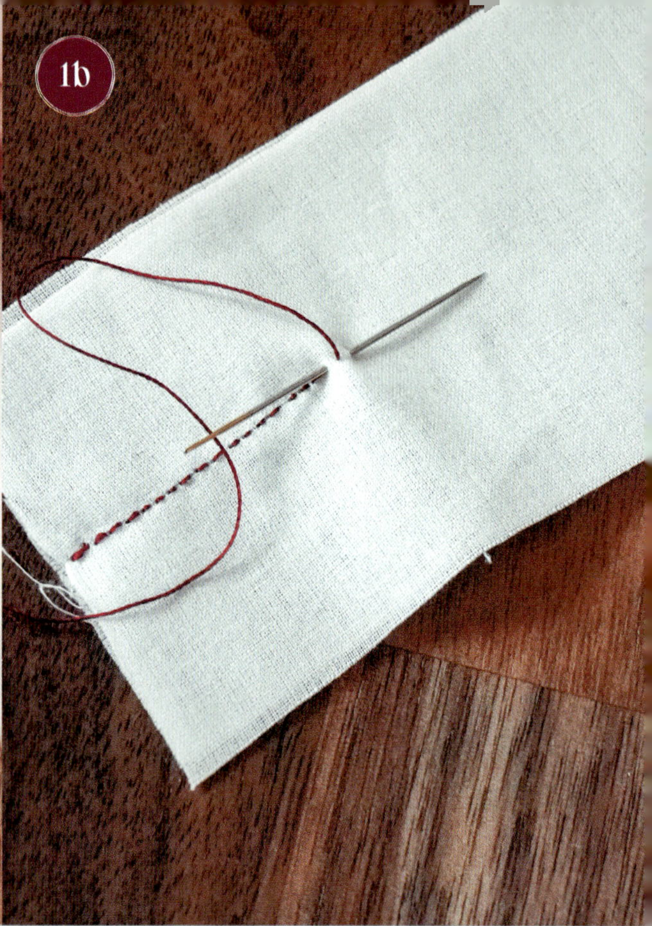
1b

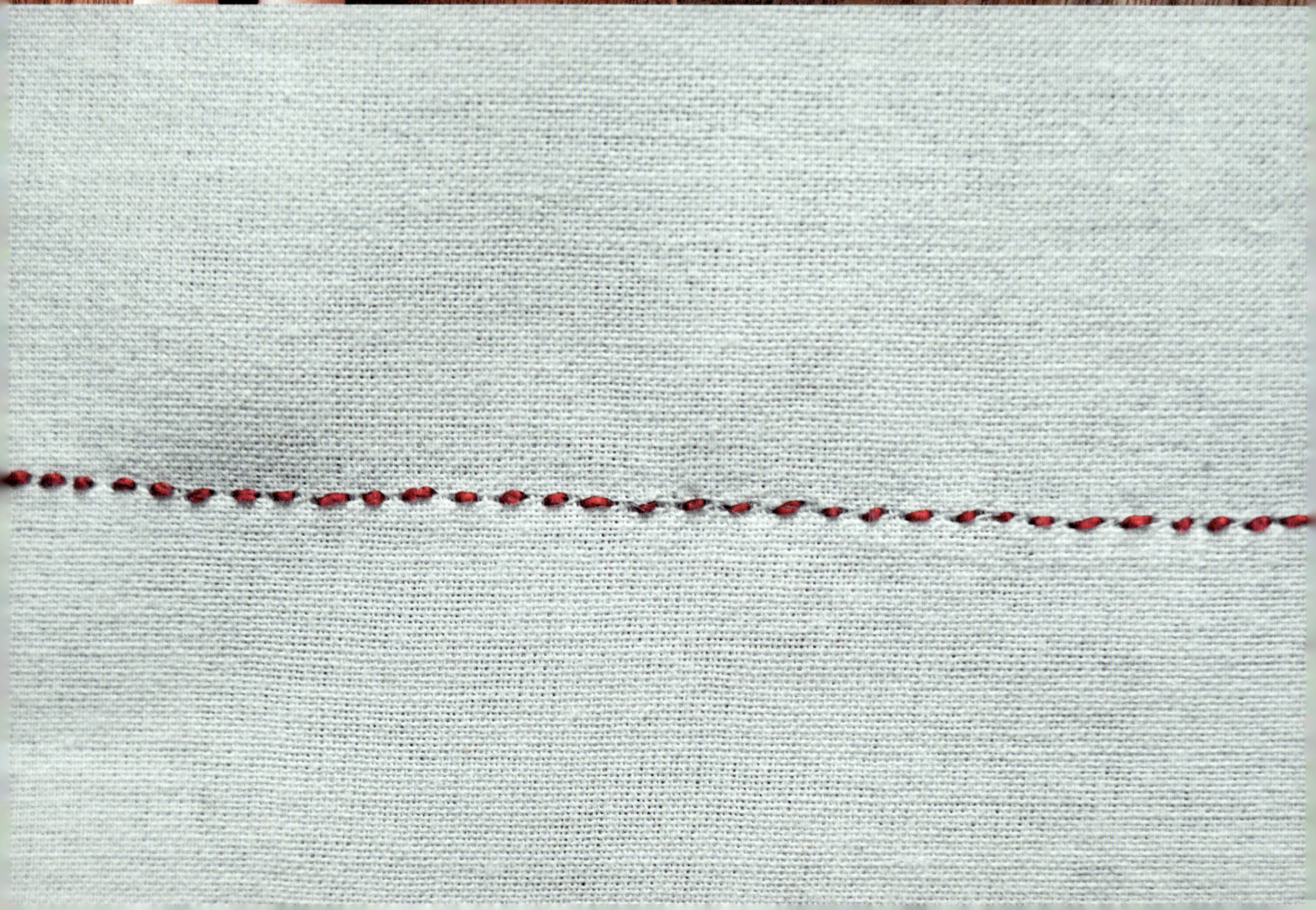

Rückstich

Der Rückstich oder Steppstich ist einer der stabilsten Handstiche. Er wird für Nähte verwendet, die Belastung aushalten müssen, beispielsweise an Ärmeln und Armausschnitten, Zwickeln (Seite 158) oder engen Oberteilen.

Im späten 19. Jahrhundert war der Rückstich so weit verbreitet, dass er in manchen Nähanleitungen einfach nur als »nähen« bezeichnet wird. »Rückstich« nannte man damals das, was wir heute als »halben Rückstich« bezeichnen würden. [9] *Im Grunde eignet sich der Rückstich für alle Nähte eines Kleidungsstücks. Weil er aber deutlich mehr Zeit in Anspruch nimmt als andere Stiche, wird er oft nur für Nähte verwendet, die besonders strapazierfähig sein müssen.*

Material

Nadel

Garn

Wachs (bei Bedarf)

Fingerhut

Handarbeitsschere

So wird's gemacht

1. Für einen Rückstich die Nadel entgegen der Nahtrichtung (also rückwärts) am Ausstich des vorherigen Stichs einstechen, dann kurz vor dem aktuellen Stich wieder herausstechen.

2. Um den Faden des vorherigen Stichs nicht zu spalten und dadurch zu schwächen, sollte man versuchen, nicht in den Faden einzustechen, sondern neben ihm. Dadurch sind die einzelnen Stiche auf der Rückseite der Arbeit leicht schräg angeordnet.

Rückstich, linke Seite der Arbeit — *Gespaltener Faden*

3. Die Länge der Stiche richtet sich generell nach der Dicke des Stoffes. Bei einem mittleren Gewebe bewegt sich die Nadel zwei Gewebefäden rückwärts, bis sie auf den vorherigen Stich trifft, und dann vier Gewebefäden vorwärts, sodass sie zwei Fäden vor dem aktuellen Stich herauskommt.

4. Nach jedem Stich den Faden gut festziehen. Fortfahren bis zum Ende der Naht.

Halber Rückstich

Für eine strapazierfähige Naht, die nicht so viel Zeit in Anspruch nimmt, ist der halbe Rückstich eine gute Lösung.

Dabei wird die Nadel nur auf halbem Weg zwischen dem aktuellen und dem vorherigen Stich eingestochen, sie muss also einen etwas kürzeren Weg zurücklegen. Wegen der Rückwärtsbewegung ist dieser Stich langsamer als der Vorstich. Er lässt sich aber schneller arbeiten als der normale Rückstich und ist fast so stabil.

Halber Rückstich, rechte Seite der Arbeit

Halber Rückstich, linke Seite der Arbeit

Ein Rückstich folgt auf zwei Vorstiche.

Zwei Vorstiche nacheinander

Wechselstich

Wenn es zügig gehen soll, ohne dass die Stärke des Rückstichs verloren geht, kann alternativ ein Wechselstich verwendet werden.

Dabei handelt es sich um eine Kombination aus zwei Vorstichen und einem Rückstich, die in regelmäßigem Wechsel gearbeitet werden.[10]

Wechselstich, rechte Seite der Arbeit — *Wechselstich, linke Seite der Arbeit*

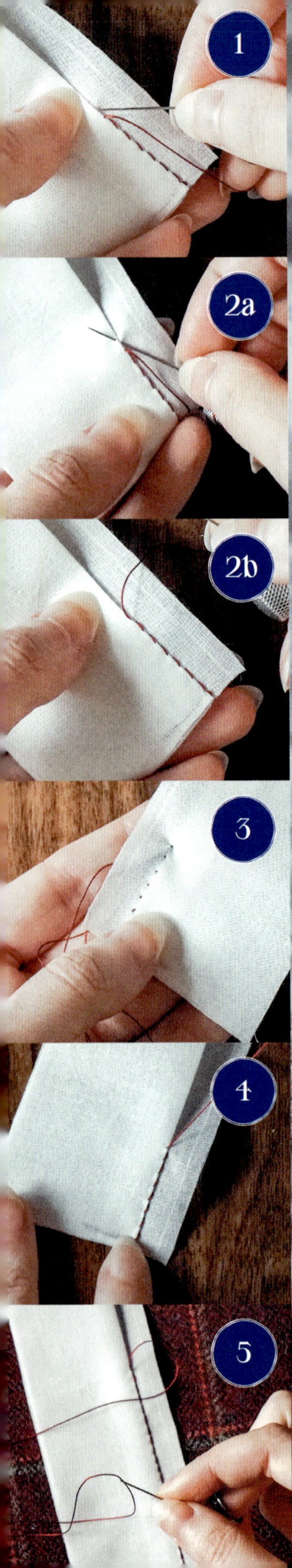
1
2a
2b
3
4
5

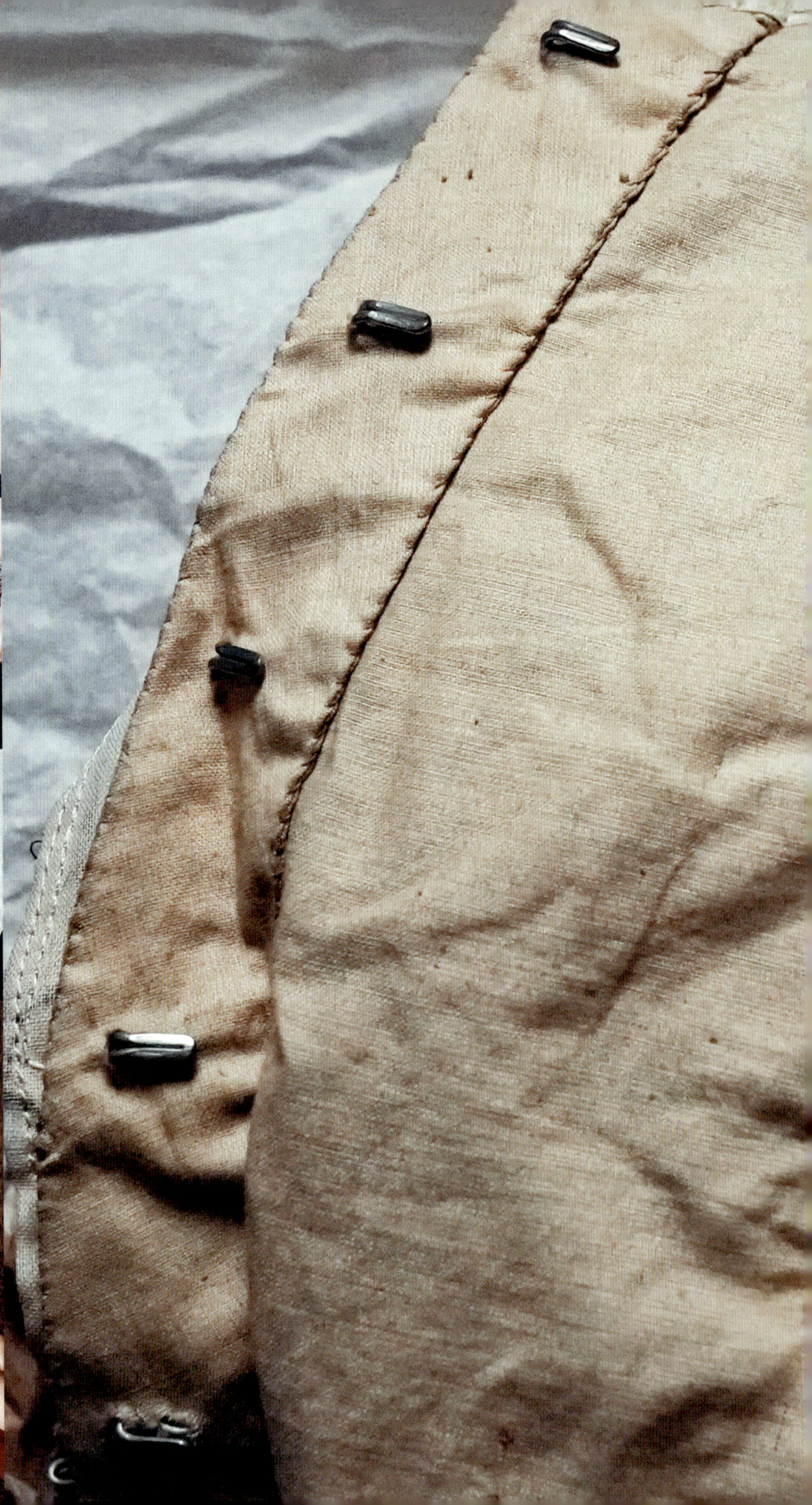

Überwendlingsstich

Dieser Stich wird verwendet, um eine Stoffkante auf einer Fläche zu befestigen, etwa bei einem Saum (Seite 94), aber auch zum Versäubern von Kanten (Seite 83) oder zum Anbringen von Borten und anderen Verzierungen auf Kleidungsstücken.

Material

Nadel

Garn

Wachs (bei Bedarf)

Fingerhut

Handarbeitsschere

So wird's gemacht

1. Dicht neben der Kante des oberen Stoffs in den unteren Stoff einstechen.

2. Leicht schräg wieder ausstechen, dabei die Kante des oberen Stoffs durchstechen. Im Idealfall wird nur der äußerste Rand – etwa ein oder zwei Fäden – des oberen Stoffs erfasst, sodass der Stich kaum zu sehen ist und größtenteils im Schatten der Stoffkante »verschwindet«.

3. Auch vom unteren Stoff mit der Nadel nur einen oder zwei Fäden aufnehmen, da die Stiche auf der rechten Seite (etwa bei einem Saum) möglichst unauffällig aussehen sollen.

4. Den nächsten Stich in etwas Abstand zum ersten arbeiten. Die Abstände kannst du selbst bestimmen, sie sollten aber auf der ganzen Länge der Naht gleichmäßig sein. Kleine Abstände nehmen mehr Zeit in Anspruch, ergeben aber eine stabilere Naht und mehr sichtbare Stiche auf der Außenseite des Kleidungsstücks.

5. Auf der linken Seite der Arbeit sieht man eine Reihe längerer Stiche, auf der rechten Seite sind nur winzige Stiche zu erkennen.

(bitte umblättern)

Links: Innenseite eines festlichen Oberteils von ca. 1860. Der Beleg mit dem Hakenverschluss ist mit Überwendlingsstichen am Futter festgenäht.

Die Naht auf ein Bügelkissen oder festes Polster stecken.

Die Stecknadel muss vom Körper weg zeigen, damit sie sich bei Zugbelastung nicht löst.

Überwendlingsstich (Fortsetzung)

So geht es schneller:

Wenn etwa 1,5–2,5 cm der Naht fertig sind, kann dieses Ende auf ein Bügelkissen oder ein gefaltetes Stück von dickem Stoff (am besten Wolle oder Filz) gesteckt werden. So lässt sich der Stoff leicht straffen. Die Stecknadel genau an der Basis der Naht platzieren, damit die Spannung entlang der Nahtlinie verläuft. Die Nadel leicht schräg vom Körper weg in das Kissen stecken, um sie beim Nähen nicht versehentlich herauszuziehen. An leicht gestrafftem Material lassen sich schneller saubere Stiche arbeiten. Man kann den Stoff auch mit der Hand straff halten, doch das ist bei längeren Nähten ermüdend und kann zu Schmerzen führen.

1. Verdrehter Faden

2. Nadel bis zum Stoff schieben

3. Faden dreht sich von selbst aus

4. Naht fortsetzen

Vorsicht:

Im Gegensatz zu den vorherigen Stichen wird der Faden hier nicht in gerader Linie, sondern in Bögen geführt. Dadurch wird er in sich gedreht. Alle paar Zentimeter muss er ausgedreht werden, sonst kann er sich verheddern und beim Durchziehen haken, was das Nähen verlangsamt.

Fäden schnell und einfach ausdrehen:

Die Nadel auf dem Faden bis an den Stoff schieben. Das freie Ende dreht sich dann von selbst aus. Danach die Nadel wieder an die gewünschte Position schieben und die Naht fortsetzen.

Hexenstich

Dieser Stich kam vor dem 20. Jahrhundert in der Schneiderei selten zum Einsatz. Am Ende des 19. Jahrhunderts wurde er hauptsächlich zum Befestigen von Stoffkanten und zum Einnähen von Fischbeinstäbchen in Mieder oder Jacken verwendet. Wie der Rückstich wird der Hexenstich vorwärts und rückwärts gearbeitet und bietet darum einen relativ festen Halt. Allerdings sind die Stiche recht lang, sodass man leicht an ihnen hängen bleiben und die Stiche verziehen kann. Der Stich lässt sich schnell arbeiten und sieht ansprechend aus, eignet sich aber nicht für Teile eines Kleidungsstücks, an denen sich Gegenstände in den Stichen verfangen könnten – etwa der Saum eines Maxirocks, an dem man mit dem Absatz eines Schuhs hängen bleiben könnte.

Der Hexenstich eignet sich besonders gut zum Säumen (Seite 94), aber auch, um Verstärkungsstäbchen in Oberteile oder Kragen einzuarbeiten. Er wird seitwärts gearbeitet. Rechtshänder:innen halten die Nadel mit der Spitze nach links und arbeiten den Stich von links nach rechts. Linkshänder:innen halten die Nadel mit der Spitze nach rechts und arbeiten den Stich von rechts nach links.

Material

Nadel

Garn

Wachs (bei Bedarf)

Fingerhut

Handarbeitsschere

So wird's gemacht

Hier wird das rechtshändige Nähen erklärt. Der Stich kann auf der rechten Stoffseite sichtbar sein, darum sollten die Stiche so klein gearbeitet werden, wie die Stoffstärke es zulässt.

1. Mit einem kleinen Rückstich am Anfangspunkt beginnen, am besten auf der dickeren Seite des Stoffes, damit ein Knoten zwischen den Stofflagen versteckt werden kann (siehe Seite 53).

2. Mit dem nächsten Stich werden die senkrechten und waagerechten Abstände festgelegt. Diese Abstände müssen stets eingehalten werden, um gleichmäßig gekreuzte Stiche zu erhalten. Es spielt keine Rolle, wie groß oder klein diese Abstände sind, solange sie regelmäßig auf der gesamten Nahtlänge wiederholt werden. Auf der dünneren Seite einen kleinen Stich von rechts nach links nähen.

3. Nun auf Höhe des ersten Stichs und im gleichen Abstand zum vorigen Stich einen kleinen Stich durch in die dickere Stoffseite arbeiten.

4. Fortlaufend bis zum Ende der Naht wiederholen. Es entsteht eine gezackte Naht mit Stichen, die sich oben und unten kreuzen.

1
2a
2b
3a
3b
4

Staffierstich

Wie gibt man einem Stoff Struktur oder sorgt dafür, dass er sich gleichmäßig um eine Rundung legt? Wie verhindert man, dass zwei Lagen von glattem Satin oder Organza beim Nähen wellig und beulig werden?

Auch wenn es sich bei dieser Technik nicht um eine Naht im engeren Sinn handelt, betrachte ich sie gern als Geheimwaffe unter den Stichen. Sie eignet sich, um zwei Stoffe flächig aufeinander zu fixieren, sodass nichts verrutschen kann. Die Technik ist aber auch nützlich, um Stofflagen in eine dreidimensionale Form zu bringen, sodass sie sich perfekt einer Rundung oder Wölbung anpassen. In der Schneiderei wird der Staffierstich beispielsweise verwendet, um Kragen mit einer Einlage so zu formen, dass sie sich ohne Wellen und Beulen an den Hals anschmiegen, oder um die Vorderteile einer Jacke der Brustwölbung anzupassen. Der Stich eignet sich aber auch, um zwei Stofflagen vorübergehend flächig aufeinander zu heften.

Der Staffierstich ist ausgesprochen nützlich, um zwei große Stoffteile aufeinander zu fixieren, damit sie beim Nähen keine Wellen oder Beulen bilden. Wenn beispielsweise ein fließender, glatter Stoff mit einer Einlage versteift werden soll, kann der Stoff mit Staffierstichen auf die Einlage geheftet werden, damit er beim Nähen nicht verrutscht. Mit dem Staffierstich kann man Kragen in Form bringen oder die Revers einer Jacke sanft zurückrollen – mit anderen Worten, man kann dem Stoff schon vor dem Nähen eines Kleidungsstücks sagen, wie er sich verhalten soll. Die Stiche werden vertikal gearbeitet, in der Regel auf zwei übereinanderliegenden Stoffen; die Arbeit wird normalerweise von der Einlagenseite aus ausgeführt, damit der Stich von der rechten Seite so wenig wie möglich durchscheint.

Bei dem Stich auf den folgenden Abbildungen handelt es sich aufgrund der Stichgröße und -länge um einen Heftstich, der dazu dient, zwei oder mehr Stofflagen vorübergehend zusammenzuhalten. Die Stiche werden später wieder entfernt. Beim dauerhaften Staffierstich werden jeweils nur sehr wenige Gewebefäden mit der Nadel aufgenommen, damit die Stiche auf der rechten Stoffseite möglichst unauffällig sind.

Material

Nadel

Garn

Wachs (bei Bedarf)

Fingerhut

Handarbeitsschere

Tipp:

Damit sich die Stofflagen auch beim Zusammenheften nicht verschieben, wird die erste Stichreihe von der Mitte zu einer Seite gearbeitet, dann folgt eine Stichreihe von der Mitte zum anderen Rand. So wird überschüssige Stoffbreite an den Rand geschoben und kann auf der Fläche keine Beulen bilden.

(bitte umblättern)

Staffierstich (Fortsetzung)

So wird's gemacht

1. Mit einem einfachen Rückstich auf der Oberseite des Stoffes beginnen, um den Faden zu sichern. Die Größe der Staffierstiche hängt vom Projekt ab, aber auch davon, ob sie provisorisch oder dauerhaft gearbeitet werden, und wie eilig du es hast.

2. Auch der senkrechte Abstand hängt davon ab, ob es sich um temporäre Heftstiche oder dauerhafte Stiche handelt. Heftstiche sollten lang sein (zwischen 2,5 und 10 cm, je nach Größe der Stofffläche), um sie später leicht entfernen zu können. Dauerhafte Stiche sollten viel kürzer sein (ca. 6–13 mm), da sich ein Stoffteil mit einer größeren Anzahl von Stichen besser in Form bringen lässt. Für den zweiten Stich direkt unter dem Einstich des ersten Stichs einstechen, sodass ein langer, schräger Stich entsteht, der vom Ausstich des ersten Stichs zum Einstich des zweiten Stichs führt.

3. Diesen Vorgang über die gesamte Länge des Stoffes wiederholen und darauf achten, dass die Ein- und Ausstiche jeweils genau übereinander liegen, um eine perfekt gerade Stichreihe zu gewährleisten. Dies ist beim dauerhaften Staffierstich wichtig. Beim Heften muss nicht so akkurat gearbeitet werden. Wenn der Stoff keinen geraden Fadenlauf hat, an dem man sich orientieren kann, oder wenn bewusst nicht im Fadenlauf gearbeitet wird, können auf der Einlage Hilfslinien für die Stiche vorgezeichnet werden.

4. Wenn das untere Ende des Stoffs erreicht ist, ein Stück seitwärts fortfahren. Dabei entsteht ein langer waagerechter Stich.

5. Einen weiteren waagerechten Stich arbeiten – so groß, wie die Stiche der vorherigen Reihe.

6. Die nächste Stichreihe von unten nach oben arbeiten. Dabei wieder gleiche Abstände einhalten wie in der vorherigen Reihe. Die schrägen Stiche verlaufen nun in entgegengesetzter Richtung.

7. Beim Nähen der Reihen ist es wichtig, den Stoff bereits in die Form zu bringen, die das Kleidungsstück später haben soll. Die Geometrie lehrt uns, dass bei Wölbungen die innere Stofflage eine etwas kleinere Oberfläche hat als die äußere. Wenn der Stoff nicht flach liegen soll, muss er also jetzt geformt werden. Bei einem Kragen zum Beispiel, der sich um den Hals wölben soll, oder einem Revers, das zurückgeschlagen werden soll, legt man die Stofflagen beim Nähen der Staffierstiche am besten über einen Finger, um die Wölbung vorzugeben.

8. Wird der Staffierstich zum Heften verwendet, müssen die Stofflagen vorher in ihre endgültige Position gebracht werden, damit auch die Kanten vor dem Nähen sauber aufeinander liegen.

9. Auf der fertigen Fläche entsteht ein Muster aus senkrechten Reihen von Stichen, die in entgegengesetzten Richtungen schräg verlaufen, also eine Art Zackenmuster. Beim permanenten Staffieren soll dieses Muster nicht auf der Außenseite des Kleidungsstücks liegen. Daher auf der Innenseite arbeiten und die mit der Nadel aufgenommenen Stiche so klein wie möglich halten.

1
2a
2b
3
4
5
6
7
8
9

Porträt: Yang Cheon Shik

Es ist unglaublich erfüllend, Kleidung zu tragen, die man selbst hergestellt hat, und dazu noch traditionelle Kleidungsstücke, wie sie die Vorfahren seit Jahrhunderten getragen haben. 안 녕 하 세 요 ! Annyeong-haseyo! (Hallo!)

Mein Name ist Cheon Shik Yang, ich stamme aus Korea und bin in den USA aufgewachsen. Ich fertige hanbok an (die traditionelle koreanische Kleidung) und trage sie täglich.

Ich wurde in Korea geboren und von einer weißen amerikanischen Familie adoptiert. Ich bekam einen westlichen Namen und hatte kaum Kontakt zu meinem Erbe, meinen Traditionen und meinem Volk. Als ich älter wurde, interessierte ich mich für meine Identität und die koreanische Kultur. Ich wollte mehr über die reiche Kultur und die jahrhundertealte Geschichte und Tradition wissen, über die ich in der Schule nichts lernte. Als ich mich immer mehr mit meiner Identität auseinandersetzte, Koreanisch lernte, verschiedene Texte und Quellen studierte, um die Dinge zu erfahren, die auf meinem Lebensweg verloren gegangen waren, kaufte ich mir schließlich mein erstes Hanbok, und das Gefühl war unbeschreiblich. Normalerweise ist das Hanbok für Feiertage und besondere Anlässe reserviert. Nur wenige Menschen tragen es im Alltag, obwohl eine ganze Reihe koreanischer Designer daran arbeiten, das Hanbok zu modernisieren und ihm wieder einen Platz in der Alltagskleidung zu geben.

Als handwerklich geschickte Person mit schmalem Budget beherrschte ich die Grundlagen des Nähens. Um meine Garderobe zu individualisieren, färbte, änderte und bestickte ich meine Kleidungsstücke. Bei der Beschäftigung mit historischer koreanischer Kleidung kam ich auf die Idee, mir ein Hanbok zu nähen, um mich von der Fast Fashion abzuheben, aber auch, um mich intensiver mit den Techniken und Arbeitsweisen der traditionellen koreanischen Nähkunst Chimseon zu befassen. Durch das Studium von Kleidungsstücken und Mustern, die seit Hunderten von Jahren verwendet werden, die Geschichte jedes einzelnen Kleidungsstücks und seine ursprüngliche Verwendung sowie die Beschaffung von Stoffen konnte ich meine Geschichte, mein Volk und mich selbst besser verstehen.

Als Inspirationsquelle dienen mir die Joseon-Dynastie (1392–1897) und das koreanische Kaiserreich (1897–1910). Joseon ist die Zeit, aus der das Hanbok, wie wir es heute kennen, stammt. Ich versuche, meine Garderobe mit einer interessanten Mischung aus eher historisch inspirierten Stücken, etwa dem weitärmeligen Dopo-Gewand, und modernen Interpretationen, wie einer verkürzten, abgespeckten Version eines gefalteten Militärgewandes namens Cheollik, zu variieren.

Seit ich das Hanbok im Alltag trage, konnte ich zahlreiche Amerikaner asiatischer Herkunft kennen lernen. Dabei gab es durchaus auch Konflikte, denn vielen Menschen ist es fremd, dass ich mich so konsequent und unverblümt koreanisch kleide. Das kann ich gut verstehen, andererseits kann ich nur so die ganze Erdung und Stärke ausdrücken, die sich für mich aus dem Bekenntnis zu meinem Erbe ergibt – sowohl äußerlich als auch innerlich, als stärkendes Selbstgefühl. Indem ich mich mit Geschichte, Tradition und Kultur meines Volks auseinandergesetzt habe, habe ich einen neuen Weg gefunden, auf den ich sehr stolz bin.

– 양천식
Yang Cheon Shik (er/ihm)

Anwendungen

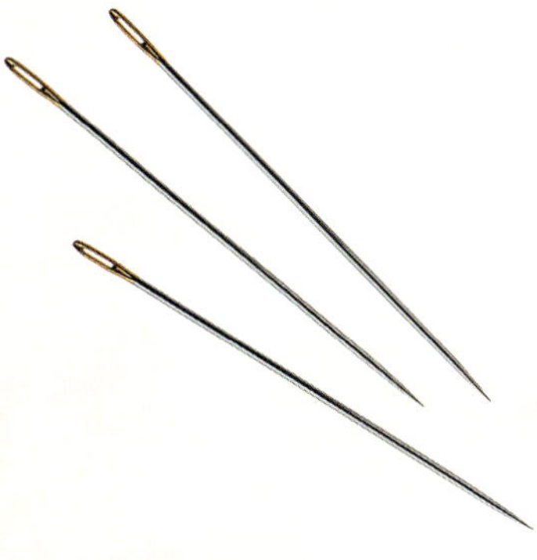

Stoffkanten versäubern

Bei gewebten Stoffen (d.h. nicht bei gefilzter Wolle, festen Materialien wie Leder oder PVC oder einigen Maschenwaren wie Baumwolljersey) besteht die Gefahr, dass die Schnittkanten ausfransen, wenn sie nach dem Zuschneiden oder Nähen nicht versäubert werden. Mit der Zeit kann das Kleidungsstück dadurch leiden, weil sich die Fäden immer weiter lösen, bis schließlich Nahte aufgehen können. Früher wurden die Kanten dicht gewebter Stoffe selten versäubert, und es kam trotzdem nicht zu Schäden, weil diese Stoffe von Hand gewebt und in der Regel sehr fest waren. Heutige maschinell hergestellte Stoffe sind meist wesentlich lockerer gewebt und neigen viel stärker zum Ausfransen. Das soll nicht heißen, dass alle heutigen Stoffe generell ausfransen. Die Kanten von dicht gewebter reiner Wolle können oft unversäubert bleiben, weil sie sich im Laufe der Zeit verfilzen, und es gibt auch feine Baumwoll- und Seidenstoffe, die so dicht gewebt sind, dass man sie nicht unbedingt versäubern muss. Ob ein Stoff stabil genug ist, um unversäubert zu bleiben, lässt sich leicht feststellen, indem man an einer Schnittkante reibt und beobachtet, ob und wie stark sie ausfranst. Ein Stoff, der schnell ausfranst, muss normalerweise versäubert werden, wohingegen Stoffe, die nur nach längerem Reiben fransig werden, meist unversäubert bleiben können.

Overlocks sind Maschinen, mit denen man Stoffkanten in einem Arbeitsgang versäubern und beschneiden kann. Inzwischen gibt es solche Maschinen auch für den Haushalt, sodass das Versäubern der Stoffkanten längst nicht mehr so mühsam ist wie in der Vergangenheit. Aber auch ohne Overlock gibt es verschiedene Möglichkeiten, um die Kanten stabil und ordentlich zu versäubern. Langlebigkeit der Versäuberung und Geschwindigkeit sind je nach Methode unterschiedlich.

Perfektion: Anspruch und Wahrheit

Angst vor weniger perfekten Ergebnissen sollte niemanden davon abhalten, sich mit dem Nähen zu beschäftigen.

Zweifellos wird in Nähhandbüchern des 19. Jahrhunderts Akribie gepredigt, und es wird zwischen »guten« und »schlechten« Methoden unterschieden. Doch die erhaltenen Kleidungsstücke zeigen, dass die Realität oft nicht mit dem Ideal übereinstimmte. Abgeschnittene Ecken oder »Abkürzungen«, die aus Eile oder Ungeduld genommen wurden, sind an der Tagesordnung. Hausfrauen ging es oft einfach darum, dass ihre Kleidungsstücke gut genug waren, um getragen zu werden. Ihre Arbeiten zeigen oft ungleichmäßige Hand- oder Maschinenstiche. Schneider:innen arbeiteten unter Zeitdruck, um möglichst viele Produkte verkaufen zu können, und selbst bei den Kleidern von Worth – der viktorianischen Haute Couture – findet man immer wieder kleine Unvollkommenheiten.

Zackenschnitt

Die vielleicht einfachste und schnellste Methode zum Versäubern besteht darin, die Schnittkanten mit einer Zackenschere zu beschneiden. Dabei werden die Gewebefäden auf unterschiedliche Länge geschnitten. Das bewirkt, dass sich keine langen Fäden lösen können, die sich verfangen und weitere Fäden aus dem Stoff ziehen können.

Der Zackenschnitt funktioniert am besten bei dicht gewebten, eher festen Stoffen wie Seide, feiner Baumwolle und dichtem Wollstoff, der sich nicht verfilzen lässt. Bei locker gewebten Stoffen können sich trotz des Zackenschnitts Fäden von der Stoffkante lösen.

Material

Zackenschere

So wird's gemacht

1. Die Stoffkante sorgfältig mit einer Zackenschere beschneiden, sodass alle ausgefransten Bereiche entfernt werden und eine saubere, gleichmäßig gezackte Kante entsteht.

Rechts: Die Futterkanten dieses Oberteils von ca. 1898 wurden mit einer Zackenschere beschnitten.

1a

1b

1c

1a

2

Überwendlingsstich

Auch das Übernähen der Kanten ist eine schnelle, wenn auch nur bedingt zuverlässige Methode. Die Stoffkanten werden mit relativ großen Überwendlingsstichen umnäht, um die Gewebefäden zu fixieren und so das Ausfransen zu verhindern. Im 19. Jahrhundert war dies eine weit verbreitete Methode der Kantenverarbeitung, und sie wurde bei den meisten Stoffen angewandt, insbesondere bei langen Rocknähten, bei denen es auf Schnelligkeit ankam, oder bei einlagigen Miederteilen, bei denen sich gesäumte Kanten auf der rechten Seite des Kleidungsstücks abgezeichnet hätten.

Das Versäubern mit Überwendlingsstich eignet sich für die meisten Stoffarten mit mittlerer bis fester Bindung, ist aber bei sehr locker gewebten Stoffen, die stark zum Ausfransen neigen, nicht empfehlenswert.

Material

Nadel

Garn

Fingerhut

Handarbeitsschere

Links: Die Nahtzugaben des Oberteils aus den 1880er-Jahren wurden mit Überwendlingsstich versäubert.

So wird's gemacht

1. Entlang der Stoffkante eine Reihe Überwendlingsstiche nähen, die ziemlich weit auf die Nahtzugabe reichen, damit sie die Gewebefäden sicher verankern, statt sie herauszuziehen. Die Tiefe der Stiche sollte leicht variieren, damit nicht nur ein einziger Faden im Gewebe belastet wird. Der Abstand zwischen den Stichen kann nach eigenem Ermessen variiert werden, kleine Abstände bieten jedoch besseren Schutz vor dem Ausfransen als große. Stichabstände von 6–12 mm sind in den meisten Fällen angemessen.

2. Beim Festziehen des Garns darauf achten, dass der Nähfaden weder Schlaufen bildet noch so fest angezogen wird, dass er die Stoffkante zusammenzieht.

Einfassen

Das Einfassen ist eine gute Wahl für Werkstücke aus schweren Stoffen oder dicke Stoffkanten, etwa an den Kanten von Stegen, aufgesetzten Taschen und einigen Nahtzugaben. Dazu wird ein Streifen Stoff oder dünnes Band um die Schnittkante gelegt und festgenäht, um sie zu bedecken.

Heute schneidet man Streifen zum Einfassen meist im schrägen Fadenlauf, damit sie sich leicht um Rundungen legen lassen. Früher schnitt man sie im geraden Fadenlauf, denn beim schrägen Zuschnitt fällt viel Verschnitt an, den man vermeiden wollte. Generell lassen sich Stoffkanten, auch gerundete, mit gerade oder schräg geschnittenen Streifen einfassen. Gerade geschnittene Streifen müssen aber so schmal sein, wie der Hauptstoff es nur zulässt – möglichst nicht breiter als 12 mm.

Material

Nadel

Garn

Wachs (bei Bedarf)

Fingerhut

Schere

Streifen zum Einfassen (gekauft oder selbst geschnitten)

Rechts: Die Nahtzugaben dieses Oberteils von ca. 1898–99 sind mit Band eingefasst.

So wird's gemacht

1. Streifen zum Einfassen können in beliebiger Breite zugeschnitten werden. Um die Stoffkante zu verdecken, werden sie der Länge nach zur Hälfte gefaltet, zu schmal dürfen sie also nicht sein. Auch gewebte Bänder oder Klebestreifen können verwendet werden. Wer Streifen selbst zuschneidet, sollte sie vorfalten. Dazu beide Längskanten zur Mitte legen und bügeln, dann den Streifen der Länge nach zur Hälfte falten und nochmals bügeln. Alternativ kann man vorgefalztes Schrägband in vielen Farben im Fachhandel kaufen.

2. Es gibt mehrere Möglichkeiten, eine Kante einzufassen.

   Für das erste Beispiel wird gerade gewebtes Baumwollband von 6 mm Breite verwendet, das gefaltet eine 3 mm breite Einfassung ergibt. Das Band wird so auf den Stoff gesteckt, dass die Stoffkante in der Bandmitte liegt. Dann die Kante des Bands mit kleinen Überwendlingsstichen auf den Stoff nähen.

3. Anschließend den Stoff umdrehen, das Band über die Stoffkante falten, feststecken und ebenfalls mit Überwendlingsstichen festnähen. Es ist auch möglich, das Band mit der Nähmaschine festzunähen und dabei in einem Arbeitsgang die obere und untere Lage mitzufassen. Diese Technik erfordert aber Übung, weil man das unter der Stoffkante liegende Band beim Nähen nicht sehen kann. Dadurch kann es leicht passieren, dass die Einfassung ungleichmäßig wird oder das unten liegende Band nicht überall mitgefasst wird.

(bitte umblättern)

2a

2b

2c

3

Mit Schrägband

Für diese Methode wird vorgefalztes Schrägband verwendet. Seine beiden Schnittkanten sind bereits zur Mitte eingeschlagen, sodass sie nach dem Festnähen innen liegen und verdeckt sind.

Material

Nadel

Garn

Wachs (bei Bedarf)

Fingerhut

Schere

Schrägband (gekauft oder selbst geschnitten)

So wird's gemacht

1. Eine Seite des Schrägbands auffalten und bündig rechts auf rechts an die Kante des Stoffs anlegen. Stecken, dann in der Bruchlinie festnähen. Auf dem Beispielfoto wird ein kleiner Vorstich verwendet (Seite 59). Ebenso gut eignen sich der Rückstich (Seite 63), der Wechselstich (Seite 64) oder ein Maschinen-Steppstich.

2. Das einseitig festgenähte Schrägband über die Kante des Stoffs falten und auf der anderen Seite des Stoffs festnähen. Dafür können kleine Überwendlingsstiche verwendet werden (Seite 67). Alternativ das Werkstück wieder umdrehen und sorgfältig mit der Maschine exakt in der Ansatznaht des Schrägbands steppen. Dabei wird das unter dem Stoff liegende Schrägband mitgefasst.

1a

1b

2a

2b

2c

1a

1b

2a

2b

2c

2d

Doppelter Saum

Diese Methode wird seit Jahrhunderten bei allen Arten von Kleidungsstücken angewandt, von Säumen bis hin zu Nahtzugaben.

Meiner Meinung nach kommt es für eine saubere und schmale Naht vor allem auf die Nadelstärke und die Arbeitsspannung an. Kleine, dünne Nadeln gehen leichter durch den feinen Stoff und erzeugen kleinere Stiche als dickere Nadeln. Ich arbeite am liebsten mit einer spitzen Nadel Nr. 10.

Material

Nadel

Garn

Wachs (bei Bedarf)

Fingerhut

Schere

Stecknadeln

Bei Bedarf: Bügelkissen oder festes Polster

Links: Doppelter Saum auf der Innenseite eines Unterkleids aus dem 19. Jahrhundert.

So wird's gemacht

1. Für einen doppelten Saum einfach die Saumkante knapp nach links umschlagen, dann nochmals umfalten, sodass die Schnittkante verdeckt liegt. Die Breite des Saums liegt im eigenen Ermessen. Schmalere Säume sind viel unauffälliger und daher oft die bessere Wahl, aber sie sind mühsamer zu nähen.

2. Die Bruchkante wird nun mit Überwendlingsstichen (Seite 67) festgenäht. Den Faden zuerst mit einer Methode eigener Wahl sichern (Seite 52 und 53). Mit dem zweiten Stich wird der Stichabstand festgelegt, der auf der gesamten Saumlänge gleichmäßig eingehalten werden sollte.

3. Kleinere Abstände ergeben einen stabileren Saum, allerdings sind die zahlreichen Stiche auf der rechten Stoffseite zu sehen. Größere Stiche sind weniger stabil, aber auf der rechten Stoffseite unauffälliger. Je nach Projekt und Stoff wähle ich meist 2–5 Stiche pro Zentimeter. Wichtig ist, vom Hauptstoff nur sehr wenige Fäden aufzunehmen, damit die Stiche auf der Vorderseite so klein wie möglich werden. Auch von der Bruchkante werden nur wenige Gewebefäden aufgenommen, damit die Schrägstriche nicht zu lang werden, sondern relativ unauffällig entlang der Bruchkante verlaufen. Wenn das Kleidungsstück mit einer Einlage versehen ist, sollte man versuchen, nur in diese einzustechen, sodass die Stiche auf der Außenseite des Kleidungsstücks gar nicht sichtbar sind.

Doppelter Saum (Fortsetzung)

Tipp:

Auch die Spannung der Stiche ist für einen sauberen Saum wichtig, denn sie trägt dazu bei, dass der Bruch gerade verläuft und beim Nähen nicht verrutscht. Normalerweise hält man den Stoff beim Säumen ganz automatisch leicht auf Spannung. Das ist aber auf die Dauer recht anstrengend für die Hände und kann sogar zu Schmerzen führen. Darum empfehle ich, vom Körper weg zu arbeiten und das Werkstück an einem Bügelkissen oder einem zusammengefalteten dicken Stoff festzustecken, um es auf Spannung zu halten, ohne die Hände zu überanstrengen. Wenn der Stoff gespannt ist, geht auch das Nähen schneller von der Hand.

In früheren Jahrhunderten war es üblich, auf diese Weise vom Körper weg zu nähen. Im Laufe des 19. Jahrhunderts wurde jedoch empfohlen, zum Körper hin zu arbeiten, die Naht um den Zeigefinger zu wickeln und mit Daumen und Mittelfinger zu spannen. Diese Methode belastet die Muskeln der Hand weitaus weniger und kann über einen längeren Zeitraum ohne Ermüdung durchgeführt werden. Jede Methode hat ihre Vorteile, und auch persönliche Arbeitsvorlieben spielen eine Rolle. Der Kraftaufwand ist bei beiden Methoden etwa gleich, allerdings beeinflusst die Arbeitsrichtung die Schrägstellung der Stiche. Wer eine historisch authentische Rekonstruktionen anfertigen möchte, sollte darum die Methode wählen, die in der jeweiligen Epoche gebräuchlich war.

Ob zum Körper hin oder von ihm weg – ich persönlich finde nicht, dass es eine richtige oder falsche Nähtechnik gibt. Vielmehr glaube ich, dass jeder seine eigene Art finden kann, sicher und sauber zu nähen, ohne sich dabei übermäßig anzustrengen. »Richtig« ist also die Methode, die dir am besten von der Hand geht und mit der du die besten Ergebnisse erzielst.

Der Stoff lässt sich leicht auf Spannung halten, wenn man ihn auf ein Bügelkissen steckt.

In Anleitungen aus dem 19. Jahrhundert wird empfohlen, den Stoff um den Finger zu legen, um ihn auf Spannung zu halten, und zum Körper hin zu arbeiten.

Rechte Seite einer doppelt gesäumten Kante: enge Abstände bei kleinen Stichen (linke Kante), weitere Abstände bei größeren Stichen (rechte Kante).

Unterseite einer Naht im Rückstich. In diese Richtung wird normalerweise die Nahtzugabe zum Säumen gefaltet.

2a

2b

2c

2d

Kappnaht

In diesem Fall wird die Kante einer Nahtzugabe eingeschlagen und festgenäht. Das Verfahren entspricht dem doppelten Saum, nur die Vorbereitung erfolgt etwas anders.

Material

Nadel

Garn

Wachs (bei Bedarf)

Fingerhut

Schere

Stecknadeln

Bei Bedarf: Bügelkissen oder festes Polster

Kappnaht an einem handgenähten Unterkleid aus dem 19. Jahrhundert, von der Außenseite gesehen.

So wird's gemacht

1. Ein Saum besteht nur aus einer Stofflage, eine Nahtzugabe dagegen aus zwei oder mehr Lagen Stoff. Diese müssen zurückgeschnitten werden, damit die Naht schön flach ausfällt. Beschnitten wird jeweils die Seite der Nahtzugabe, in die die Kappnaht gefaltet werden soll. Wird die Kappnaht nach rechts gefaltet, muss also die rechte Nahtzugabe abgeschnitten werden.

   Ist die Naht im Rückstich (Seite 63) genäht, faltet man die Kappnaht normalerweise zur Unterseite der Rückstiche, denn diese sind länger und auffälliger und sollen mit der Kappnaht verdeckt werden.

2. Die Nahtzugabe wird so weit zurückgeschnitten, dass sie knapp die halbe Breite der anderen (nicht beschnittenen) Nahtzugabe hat. Die breite Nahtzugabe wird dann um die schmale gefaltet und mit Überwendlingsstichen festgenäht.

3. Wieder muss die Arbeit auf Spannung gehalten werden, damit die Naht schön flach liegt. Eine lockere oder beulige Naht zeichnet sich auf der rechten Seite ab. Das lässt sich vermeiden, indem man den Stoff beim Nähen auf Spannung hält und gleichzeitig die gefaltete Nahtzugabe mit den Fingern flach drückt.

Konternaht

Die Konternaht ähnelt insofern der Kappnaht, als auch sie mit Überwendlingsstich gearbeitet wird. Der Unterschied liegt jedoch in der praktischen Anwendung. Während die Kappnaht zum Versäubern der Nahtzugaben dient, ist die Konternaht eine eigenständige Methode, zwei Stoffkanten miteinander zu verbinden und gleichzeitig zu versäubern. Die Teile werden nicht rechts auf rechts zusammengenäht. Stattdessen werden beide Kanten eingeschlagen, übereinander geschoben und auf beiden Seiten festgenäht.

Konternähte sind nicht gerade unauffällig. Sie bilden einen deutlich erkennbaren Streifen, und auf der Innen- und Außenseite sind mehr Stiche zu sehen als bei anderen Techniken. Sie sind jedoch sehr strapazierfähig. Man findet sie häufig in alten Kleidungsstücken, die häufiges Waschen aushalten mussten, und zwar hauptsächlich an Stellen, die oft mit schwerer Oberbekleidung in Berührung kamen.

Material

Stecknadeln (bei Bedarf)

Nadel

Garn

Wachs (bei Bedarf)

Fingerhut

Schere

So wird's gemacht

1. Beide Teile zeigen mit der rechten Seite nach oben. Die Kanten, an denen sie zusammengesetzt werden sollen, werden in entgegengesetzte Richtungen umgefaltet – also eine Kante zur rechten Stoffseite, die andere zur linken.

2. Nun die Teile (weiterhin rechte Seite oben) so übereinander schieben, dass die eingeschlagenen Kanten einander verdecken. Es empfiehlt sich, die Teile zusammenzustecken, weil die erste Naht sonst schwierig zu arbeiten ist.

3. Den Fadenanfang sichern (Seite 54), dann die Bruchkante eines Teils mit Überwendlingsstichen auf dem anderen Teil festnähen.

4. An Ende der Naht den Faden vernähen oder, wenn er noch lang genug ist, mit der zweiten Naht fortfahren. Dafür zunächst zur anderen Seite des Werkstücks durchstechen.

5. Nun das Werkstück umdrehen und die noch lose Bruchkante wiederum auf dem anderen Teil festnähen. Dabei darauf achten, dass die Naht schön flach liegt und keine Wellen oder Beulen bildet.

6. Die fertige Naht sieht innen und außen gleich aus. Auf einer Seite der Naht sind die schrägen Überwendlingsstiche zu sehen, auf der anderen Seite kleine gerade Stiche (die Rückseite der Überwendlingsstiche der anderen Seite).

Rechts: Sichtbare Konternaht an der Schulter eines handgenähten Unterkleids aus dem 19. Jahrhundert.

1

2a

2b

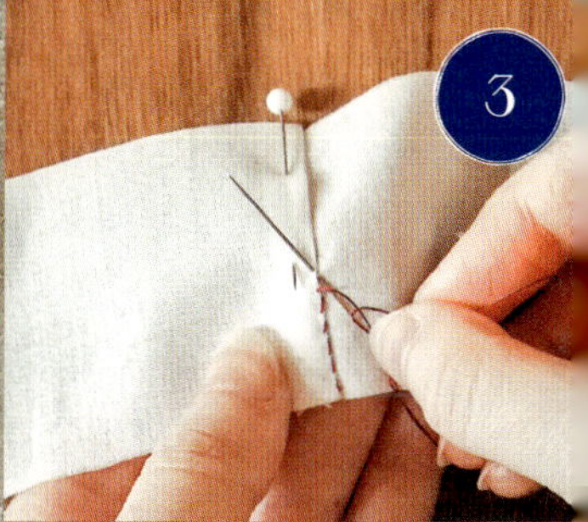
3

4

5

1

2

3

4

5

6

Rechts-Links-Naht

Die Rechts-Links-Naht oder französische Naht hat sich im späten 19. Jahrhundert durchgesetzt, vermutlich aufgrund der Erfindung der Nähmaschine und der damit verbundenen Geschwindigkeit. Da bei der Rechts-Links-Naht jede Naht zweimal genäht werden muss, ist die Ausführung von Hand sehr zeitaufwändig.

Rechts-Links-Nähte erfordern eine mindestens 1,3 cm breite Nahtzugabe, weil die erste Naht nicht auf der eigentlichen Nahtlinie, sondern auf der Nahtzugabe genäht wird.

Material

Schere

Stecknadeln

Nähmaschine oder Nadel

Garn

Wachs (bei Bedarf)

So wird's gemacht

1. Eine Rechts-Links-Naht wird in zwei Schritten gearbeitet.

   Zuerst werden die Stoffteile links auf links (!) zusammengesteckt.

2. Die erste Naht wird nun außerhalb der eigentlichen Nahtlinie gearbeitet, etwa auf der halben Breite der Nahtzugabe.

   Die Breite der Nahtzugabe kann frei gewählt werden, die erste Naht bestimmt aber die Breite der fertigen Naht, die auf der Innenseite des Kleidungsstücks sichtbar ist. Für eine schmale Naht wird 3–6 mm neben der Nahtlinie gesteppt, für eine breitere Naht kann der Abstand zur Nahtlinie 1,3 cm oder mehr betragen.

3. Die erste gesteppte Naht auseinanderbügeln. Wenn die verbleibende Nahtzugabe größer ist als der Abstand zwischen erster Naht und Nahtlinie, muss sie zurückgeschnitten werden.

4. Jetzt die Stoffteile an der ersten Naht rechts auf rechts legen, die Naht nochmals bügeln und die Teile zusammenstecken.

5. Die zweite Naht wird auf der eigentlichen Nahtlinie gearbeitet. Dabei werden die unversäuberten Schnittkanten zwischen der ersten und der zweiten Naht eingeschlossen. Die unversäuberte Nahtzugabe darf nicht breiter sein als der Abstand zwischen erster und zweiter Naht, sonst wird sie beim Steppen der zweiten Naht mitgefasst und ist auf der rechten Seite des Kleidungsstücks zu sehen. Das kann auch passieren, wenn die unversäuberte Kante stark ausfranst.

6. Die Naht nochmals glattbügeln, dann den innen liegenden Teil der Naht zu einer Seite bügeln.

Gut gebügelt ist halb genäht

Das Bügeln ist beim Schneidern wohl genauso wichtig wie das Nähen selbst, denn es sorgt dafür, dass die Projekte sauber und professionell aussehen. Am besten eignet sich ein Dampfbügeleisen. Alternativ kann man ein feuchtes Tuch auf den Stoff legen oder eine Sprühflasche mit Wasser verwenden, um hartnäckige Falten in Stoffen (nicht in Seide!) sanft anzufeuchten. Beim Bügeln von Wolle oder Stoffen, die vom Bügeleisen versengt werden könnten, ist es außerdem gut, ein Bügeltuch zur Hand zu haben – ein einfaches Stück Nessel oder Baumwollstoff, das zwischen das Kleidungsstück und das Bügeleisen gelegt wird, genügt völlig.

Die Temperatureinstellungen müssen genau eingehalten werden. Während Baumwoll- und Leinenstoffe hohen Temperaturen standhalten, schmelzen viele Synthetikstoffe, wenn die Temperatur zu hoch eingestellt ist. Ich empfehle, die Bügeltemperatur auf einem Reststück des jeweiligen Stoffs auszuprobieren und erst dann das Eisen auf das Kleidungsstück zu setzen.

Utensilien zum Bügeln

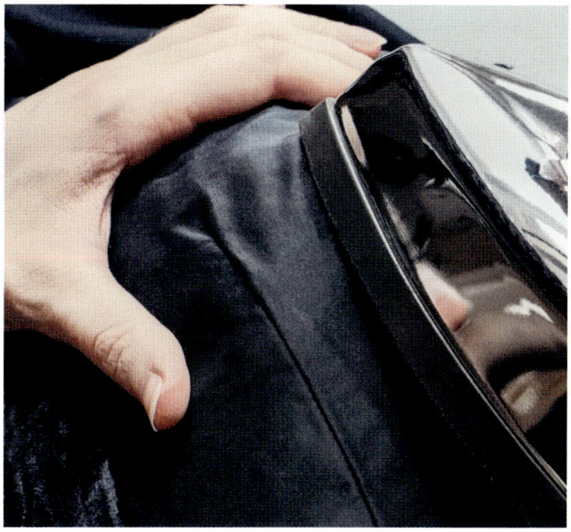

Bügelkissen zum Aufbügeln von Abnähern

Im Allgemeinen ist es ratsam, jede Naht gleich nach dem Nähen zu bügeln. In den meisten Fällen genügt es, die Nahtzugaben auseinander zu bügeln, damit die Naht schön flach liegt. In manchen Fällen, etwa bei Rechts-Links-Nähten, muss die Nahtzugabe zu einer Seite gebügelt werden.

Es ist zwar möglich, kompliziertere Teile wie Ärmel oder gerundete Nähte auf einem normalen Bügelbrett zu bügeln, aber mit den richtigen Werkzeugen für spezielle Zwecke geht es wesentlich einfacher.

Besonders vielseitig ist ein Bügelkissen. Seine verschieden geformten Wölbungen eignen sich gut, um unterschiedliche Abnäher und geschwungene Nähte akkurat auszubügeln.

Ärmelbrett

Ein schmales Ärmelbrett ist beim Bügeln von Ärmeln hilfreich, weil man es in den Ärmel schieben kann. So kann man den Ärmel rundherum bügeln und vermeidet die »Bügelfalten«, die auf einem normalen Bügelbrett zwangsläufig entstehen.

Ein Schneiderklotz aus glatt geschliffenem Holz hilft, sehr flache und saubere Nähte zu erzielen, weil das Holz die Hitze des Bügeleisens absorbiert und die Falten des Stoffes schneller fixiert. Dieser Klotz sollte sofort nach dem Entfernen des Bügeleisens, solange der Stoff noch warm ist, auf die Naht gedrückt werden. Bei sehr empfindlichen Stoffen kann der Klotz sogar das Bügeleisen ersetzen. Nach dem Dämpfen kann das Holz eingesetzt werden, um eine Naht zu glätten, ohne dabei Hitzeschäden durch das Bügeleisen zu riskieren.

Samt bügeln

Bügelt man Stoffe mit stehendem Flor, z. B. Samt und Velours, wird der Flor zerdrückt und die natürliche Struktur des Stoffs verändert sich. Um das zu verhindern, legt man den Samt mit der rechten Stoffseite nach unten auf ein anderes Stück Samt oder Velours oder auf ein eigens dafür angefertigtes Samtbrett, das zur Unterstützung des Flors mit Nadeln versehen ist. Der Stoff wird dann von der linken Seite gebügelt, die in der Regel glatt gewebt ist und keinen Flor hat. Mit dieser Methode lassen sich Nähte in samtigen Kleidungsstücken schön glatt bügeln, ohne den Flor zu beschädigen.

Verschlüsse

Obwohl es heute hochelastische Materialien und viele innovative Verschlüsse wie Reißverschlüsse, Druckknöpfe und Klettband gibt, sind auch die Methoden zum Verschließen von Kleidungsstücken, die in den vergangenen Jahrhunderten verwendet wurden, noch heute in Gebrauch: Wir schnüren unsere Schuhe genauso, wie wir Korsetts geschnürt haben. Unsere Kleider, Röcke und Hosen werden immer noch mit Haken und Ösen geschlossen. Wir knöpfen unsere Mäntel so zu, wie wir jahrhundertelang Mäntel, Ärmel, Wams und Gewänder geknöpft haben. Verschlüsse sind unverzichtbar, damit unsere Kleidung an Ort und Stelle bleibt. Und da sie oft stark beansprucht werden, benötigen sie ein wenig Pflege.

In diesem Abschnitt stelle ich einige Methoden vor, mit denen Kleider bis zur Wende zum 20. Jahrhundert verschlossen wurden und die alle sehr leicht von Hand zu machen sind. Abgesehen von Knopflöchern lassen sich diese Verschlüsse mit Haushaltsnähmaschinen nicht herstellen. Leg also schon einmal den Fingerhut bereit.

1
2
3a
3b

Knopflochstich

Den Knopflochstich sollte man unbedingt beherrschen, denn er wird nicht nur für Knopflöcher verwendet, sondern auch für andere Verschlussmethoden. Bei jedem Stich wird ein kleiner Knoten geknüpft.

Material

Nadel

Garn (am besten Knopflochgarn)

Wachs (bei Bedarf)

Fingerhut

Schere

So wird's gemacht

1. Zuerst die Nadel am Anfangspunkt einstechen.
2. Nun den Arbeitsfaden von links nach rechts unter die Nadelspitze legen. Dadurch entsteht eine Schlaufe, die sich beim Durchziehen der Nadel zu einem Knoten zuzieht.
3. Die Nadel und den Arbeitsfaden ganz durchziehen.

Hinweis:

Der Faden sollte in die Richtung gezogen werden, in der der Knoten sitzen soll – bei mehreren Stichen immer in dieselbe Richtung, damit die Knoten gleichmäßig sitzen. Der Knoten dient dazu, den Rand des Knopflochs vor Reibung zu schützen und sollte darum immer an der Stoffkante sitzen. Aus diesem Grund sollte der Faden für ein Knopfloch immer in Richtung der Schnittkante gezogen werden.

Links: Knopflöcher in einem Seiden-Oberteil von ca. 1880. Die Knöpfe wurden abgetrennt und anderweitig verwendet.

Knopflöcher

Knopflöcher werden am besten durch zwei oder mehr Stofflagen und mit robustem Garn gearbeitet, da sie in der Regel stark beansprucht werden. Seidengarn ist besonders stabil und eignet sich am besten. Nicht umsonst wird Knopflochgarn oft auch als »Knopflochseide« bezeichnet. Knopflöcher können mit einfachem oder doppeltem Garn genäht werden, je nach Stärke des verwendeten Stoffes. Mit doppeltem Garn lassen sich die Knopflöcher viel schneller nähen, während einfaches Garn zarter wirkt und für leichtere Kleidungsstücke besser geeignet ist.

Es gibt zwei Arten von Knopflöchern: das gerade Knopfloch und das Schlüssellochknopfloch. Beim Schlüssellochknopfloch (oder Augenknopfloch) wird an einem Ende der Knopflochmarkierung eine kleine runde Öffnung gearbeitet, damit der Knopf leichter durch das Loch gleitet. Schlüssellochknopflöcher findet man häufig bei schwereren Kleidungsstücken wie Mänteln und Jacken. Bei leichteren Kleidungsstücken wie Hemden sind sie nicht üblich. Für die Rundung des Schlüssellochknopflochs wird an der Seite des Knopflochs, an der später der Knopf liegt, ein kleines Loch in den Stoff gestanzt, geschnitten oder mit einer Ahle gestochen. Bei Mänteln ist dies normalerweise die Außenkante.

Die Arbeitsrichtung hängt davon ab, ob rechts- oder linkshändig genäht wird. Hier ist die rechtshändige Arbeitsweise abgebildet: von links nach rechts, und die Nadel sticht stets von oben nach unten. So wird es zwar in einer Anleitung von 1895 beschrieben, [11] *aber auch andere Arbeitsweisen sind möglich.*

(bitte umblättern)

Material

Lineal

Markierwerkzeug (Schneiderkreide, Bleistift, Magic Marker)

Schere oder Knopflochschneider

Nadel

Garn (möglichst Knopflochgarn)

Wachs (bei Bedarf)

Fingerhut

1
2a
2b
2c
3a
3b
3c
3d
3e

4
5
6
7
8

So wird's gemacht

1. Für ein Standard-Knopfloch zuerst die Breite der Öffnung anzeichnen. Sie sollte möglichst im Fadenlauf des Stoffs verlaufen, der allerdings bei komplexeren Bindungen wie Brokat oder Köper nicht immer eindeutig zu erkennen ist.

2. Den Stoff waagerecht mit einer kleinen Schere oder einem Knopflochschneider vorsichtig einschneiden. Der Schnitt muss möglichst gerade ausfallen, denn das Knopfloch sieht weniger ordentlich aus, wenn viele Querfäden durchschnitten werden. Wenn der Stoff sehr weich ist, empfiehlt es sich, eine Reihe Heftstiche um die Markierung zu nähen, um den Stoff zu stabilisieren. Für ein Schlüssellochknopfloch an einem Ende der markierten Linie mit einer Ahle ein kleines Loch stechen.

3. Eine Kante des Einschnitts dicht an dicht mit Knopflochstich umnähen (Seite 94), um die Stoffkante vor Reibung zu schützen. Die Tiefe der Stiche richtet sich nach der Stoffstärke, aber auch nach eigenen ästhetischen Vorlieben. Wichtig ist, die Stiche schön gleichmäßig zu arbeiten.

4. Am Ende der ersten Stichreihe wird ein Riegel gearbeitet, damit das Knopflochende nicht so leicht ausreißt. Dafür die Nadel in die unbearbeitete Seite des Knopflochs in der Tiefe der Knopflochstiche einstechen und von unten neben dem letzten Stich der bearbeiteten Seite ausstechen. So entsteht ein langer Faden, der über das Ende des Knopflochs verläuft.

5. Diesen Faden mit Knopflochstichen umnähen, dabei stets etwas vom Stoff mitfassen. Dadurch wird der Riegel im Stoff verankert. Etwa zwei Stiche auf einer Seite des Einschnitts arbeiten, einen genau in der Mitte des Einschnitts und zwei auf der anderen Seite. Je nach Stichgröße und Stoff kann dies variiert werden. Für manche Riegel benötigt man sieben Stiche (drei auf jeder Seite und einen in der Mitte), für andere nur drei.

6. Bei einem Schlüssellochknopfloch ist nur ein Riegel notwendig, am anderen Ende wird das kleine Loch mit Knopflochstichen umnäht. Dafür nach Beendigung der ersten Kante einfach fortfahren, bis die andere Kante des Knopflochs erreicht ist.

7. Die zweite Kante ebenso mit Knopflochstichen umnähen wie die erste.

8. Wenn das Ende erreicht ist, wieder einen Riegel arbeiten.

9. Wenn der zweite Riegel fertig ist, mit der Nadel zur Unterseite des Werkstücks durchstechen und den Faden vernähen.

Tipp:

Selbst erfahrene Schneider:innen sollten vorab ein Probeknopfloch nähen. Jedes Knopfloch erfordert je nach Stoff und Garnstärke unterschiedliche Abstände und Stichlängen, die man nur durch Ausprobieren herausfindet. Die ersten Knopflöcher brauchen etwas Zeit, aber jedes weitere geht ein wenig schneller. Am besten alle Knopflöcher eines Kleidungsstücks in einem Arbeitsgang nähen, da sie durch die Wiederholung schneller und sauberer werden.

Knopfschlaufen

Wie ein Knopfloch wird auch eine Knopfschlaufe mit Knopflochstichen gearbeitet, allerdings nicht in den Stoff, sondern um eine separate Garnschlaufe. Diese Methode ist unter Umständen vorzuziehen, wenn die Verschlussstelle später eventuell noch einmal geändert werden soll. Eine Garnschlaufe kann abgeschnitten und an anderer Stelle wieder angebracht werden, aber ein in den Stoff geschnittenes Knopfloch kann später nicht unauffällig geschlossen werden.

Material

Nadel

Garn (Knopflochgarn oder dickes Garn)

Wachs (bei Bedarf)

Fingerhut

Schere

So wird's gemacht

1. Den Faden auf der linken Stoffseite verankern (Seite 54), dann zur rechten Seite und wieder zur linken Seite durchstechen. Den Faden nicht ganz durchziehen, sondern eine Schlaufe stehen lassen, die groß genug für den Knopf ist – aber nicht zu groß, denn bei der Benutzung wird sich die Schlaufe noch etwas dehnen. Aus Gründen der Stabilität sollte Knopflochgarn verwendet werden, alternativ normales Nähgarn doppelt nehmen. Wenn die Größe der Schlaufe festgelegt ist, den Faden auf der linken Seite mit einem Rückstich (Seite 63) sichern oder verknoten, damit sich die Schlaufe nicht mehr verändert.

2. An einem Ende der Schlaufe mit der Nadel wieder zur rechten Stoffseite durchstechen.

3. Nun die Nadel in die Garnschlaufe schieben und einen Knopflochstich arbeiten (Seite 103).

4. Weitere Knopflochstiche arbeiten. Den Faden immer in dieselbe Richtung ziehen, damit alle Knoten nebeneinander liegen.

5. Fortfahren, bis die ganze Garnschlaufe dicht an dicht mit Knopflochstichen bedeckt ist.

1

2

3a

3b

4

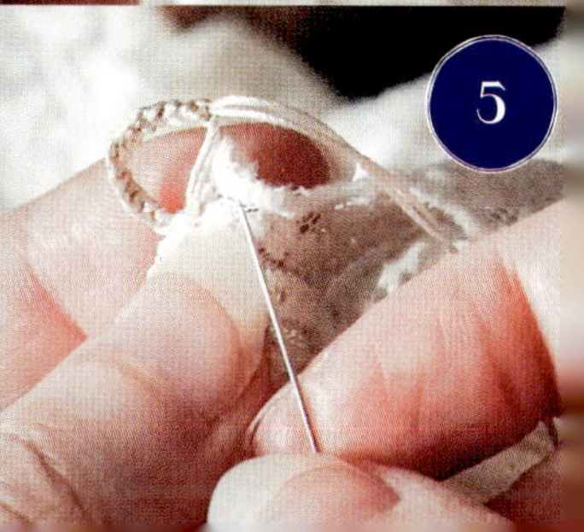
5

1
2
3
4
5
6a
6b
7a
7b

Knöpfe aus Stoff

Es gibt zahllose Möglichkeiten, Knöpfe herzustellen, darunter viele komplizierte Garnwickeltechniken, über die man ein ganzes Buch schreiben könnte. Beginnen wir mit dem Wesentlichen. Diese Technik für runde Knöpfe gibt es mindestens seit dem Mittelalter. Sie eignet sich ausgesprochen gut, um Knöpfe aus einem Stoff eigener Wahl zu fertigen, ganz gleich, ob sie perfekt zu dem Kleidungsstück passen oder einen tollen Kontrast herstellen sollen.

Diese Knöpfe können in jeder Größe genäht werden, probiere es einfach aus. Meine Lieblingsgröße entspricht etwa der Größe eines Euros oder einer britischen Ein-Pfund-Münze: ca. 23 Millimeter.

Material

Markierwerkzeug (Bleistift, Kreide, Magic Marker)

Runder Gegenstand als Schablone (z. B. Münze)

Schere

Stoff für die Knöpfe

Nadel

Garn

Wachs (bei Bedarf)

Fingerhut

Füllmaterial (Watte, Wolle, Stoff- oder Wollreste)

So wird's gemacht

1. Den Umriss eines kleinen runden Gegenstands mit Kreide oder Bleistift auf den Stoff zeichnen.
2. Den Kreis mit etwas Nahtzugabe ausschneiden. Sie sollte nicht zu breit sein, es sei denn, der Stoff franst stark aus.
3. Nun auf der markierten Linie eine Reihe von Vorstichen (Seite 60) nähen, ohne die Fadenenden zu sichern. Die Stiche müssen relativ klein sein, damit sich der Stoff gleichmäßig und fein kräuselt.
4. Jetzt wird etwas Füllmaterial benötigt. Ich verwende dazu kleine Stoff- oder Wollreste, die ich in sehr kleine Stücke schneide, damit der Knopf keine Beulen bekommt. Das ist besonders wichtig, wenn der Außenstoff des Knopfs dünn ist.
5. Etwas Füllung (für eine Euromünze etwa eine erbsengroße Menge) in die Mitte des Kreises geben.
6. An den Fäden der Vorstichrunde ziehen, um den Stoff um die Füllung herum zusammenzuraffen. Falls nötig kann vorher die Nahtzugabe auf 3 mm zurückgeschnitten werden.
7. Die Ränder der Nahtzugabe in den Knopf schieben, dann die Öffnung mit kleinen Stichen zunähen. Am besten gelingt dieser Schritt mit Wollstoffen, die verfilzen und dadurch die Öffnung versiegeln.

Knöpfe annähen

Jetzt können die selbstgemachten Knöpfe an das Kleidungsstück genäht werden.

Material

Nadel

Garn (am besten Knopflochgarn)

Wachs (bei Bedarf)

Fingerhut

Schere

Stoffknöpfe

So wird's gemacht

1. Den Knopf auf der rechten Stoffseite an die gewünschte Position legen. Den Faden auf der linken Stoffseite verankern (Seite 54). Einige Stiche hin und her durch den Stoff nähen, dabei die Unterseite des Knopfs mitfassen.

2. Wenn der Knopf fest sitzt, mit der Nadel zur rechten Stoffseite durchstechen.

3. Den Faden mehrmals fest um die Basis des Knopfs wickeln oder an dieser Stelle einen Knopflochstich (Seite 103) arbeiten, damit der Knopf einen kleinen Stiel bekommt. Der Knopf sitzt besser, wenn unter ihm etwas Platz für den Stoff der Knopflochseite ist.

4. Die Nadel wieder zur linken Seite durchstehen, den Faden vernähen und abschneiden.

1a
1b
1c
2
3a
3b
4

1a

1b

1c

2

3

Ösen

Als Öse oder Auge bezeichnet man ein verstärktes Loch im Stoff, durch das beispielsweise eine Kordel für einen Schnürverschluss gefädelt wird. Ösen aus Metall kamen erst im frühen 19. Jahrhundert in Gebrauch, in den Jahrhunderten davor wurden sie von Hand gearbeitet. Das Verfahren ist einfach und geht, wenn man etwas Übung hat, auch recht zügig von der Hand.

Material

Markierwerkzeug (Bleistift, Kreide, Magic Marker)

Ahle (alternativ spitzer Bleistift)

Nadel

Garn (am besten Knopflochgarn)

Wachs (bei Bedarf)

Fingerhut

Schere

So wird's gemacht

1. Wie Knopflöcher sollten auch Ösen mindestens in zweilagigen Stoff gearbeitet werden, damit sie gut stabilisiert sind, zumal sie beim Schnüren stark beansprucht werden. Zuerst die Positionen der Ösen markieren. Sorgfältig messen, denn einmal genähte Ösen lassen sich nicht wieder beseitigen. An jeder Markierung mit einer Ahle oder einem spitzen, konischen Gegenstand zwischen die Gewebefäden stechen, sodass ein kleines Loch entsteht.

2. Das Loch mit Ahle oder Bleistift nochmals auf die gewünschte Größe weiten. Dabei das Gewebe nur dehnen und möglichst keine Gewebefäden durchtrennen, weil dadurch die Stabilität der Öse leiden könnte. Das gilt vor allem, wenn die Öse von Hand umnäht und nicht mit Metall verstärkt wird. Manche Fasern reißen beim Weiten. Das ist meist kein Problem, es sollten aber keine Gewebefäden durchgeschnitten werden.

3. Weil die Ösen beim Schnüren strapaziert werden, sollten sie mit stabilem Garn umnäht werden. Früher verwendete man dickes Seidengarn, heute stehen auch andere dicke Garne zur Verfügung. (Für feinen Stoff muss eventuell dünneres Garn verwendet werden, damit die Öse nicht zu grob aussieht. Das Umnähen dauert dann länger, weil die einzelnen Stiche weniger Stoff abdecken.)

(bitte umblättern)

Ösen (Fortsetzung)

4. Ich nehme dünnere Garne gern doppelt, damit das Nähen schneller geht. Das Fadenende auf der linken Stoffseite oder zwischen zwei Stofflagen sichern – mit einem Rückstich (Seite 63), einem Knoten oder einem Knopflochstich (Seite 103).

5. Das Werkstück wenden. Mit der Nadel zur rechten Stoffseite durchstechen.

6. Einen Knopflochstich arbeiten: Knapp außerhalb des Lochs einstechen und durch das Loch wieder ausstechen, sodass der Stich die Lochkante umfasst. Der Abstand zwischen Lochkante und Einstich muss bei allen folgenden Stichen gleichmäßig eingehalten werden. Beim Festziehen des Fadens wird das Loch nochmals leicht geweitet. Dadurch wird der Abstand zwischen Stoffkante und Einstich etwas kleiner.

7. Fortlaufend wiederholen, bis der ganze Rand des Lochs mit Knopflochstichen eingefasst ist. An den äußeren Enden der Stiche dürfen ruhig kleine Lücken bleiben. An historischen Kleidungsstücken sieht man oft, dass die Stiche um Ösen herum strahlenförmig angeordnet sind. Wichtig ist, dass die strapazierte Innenkante der Öse gut stabilisiert wird. Je weniger Stiche man benötigt, desto schneller ist die Öse fertig.

8. Wenn der Kreis geschlossen ist, die Nadel wieder zur linken Seite durchstechen und den Faden vernähen.

9. Falls sich die Öse beim Umnähen etwas zusammengezogen hat, muss sie eventuell noch einmal behutsam geweitet werden.

So geht es schneller:

Wenn mehrere Ösen genäht werden, kann man Zeit sparen, indem man den Faden nicht nach jeder Öse vernäht, sondern einfach zur nächsten Öse führt und an dieser fortfährt. Historische Kleidungsstücke beweisen, dass dieser Trick schon im 18. Jahrhundert angewandt wurde. Wichtig ist nur, dass am Beginn einer Öse der Faden lang genug ist, um sie komplett zu umnähen.

4
5
6
7a
7b
7c
7d
8a
8b
9a
9b

1

2

3

4

5

Schnürungen

Zu den bekanntesten historischen Schnürungen gehören die Kreuzschnürung und die Spiralschnürung. Die Kreuzschnürung ist uns noch heute gut vertraut. Dabei werden zwei Enden einer Schnur gleichzeitig verarbeitet. Sie kreuzen sich und bilden eine senkrechte Reihe aus gleichmäßigen liegenden Kreuzen. Die Kreuzschnürung war bei historischen Kleidungsstücken vor dem 19. Jahrhundert jedoch äußerst selten, die meisten geschnürten Kleidungsstücke wurden stattdessen mit der Spiralschnürung geschlossen. Bei dieser wird ein einzelnes Ende einer Schnur in einem auf- oder absteigenden Spiralmuster durch eine Reihe von versetzten Ösen geführt. Da die Schnur nicht zwischen den Öffnungskanten des Kleidungsstücks verläuft, ermöglicht die Spiralschnürung ein vollständiges Schließen des Kleidungsstücks, wobei beide Kanten des Kleidungsstücks bündig aneinander liegen.

Die Anordnung der Ösen muss bei der Spiralschnürung etwas anders gestaltet werden als bei der Kreuzschnürung. Das bedeutet, dass die Art der Schnürung schon frühzeitig festgelegt werden muss. Wenn die Abstände der Ösen sehr gering sind, spielt der Versatz keine so große Rolle und beide Schnürungen sind möglich. Wenn die Schnürlöcher jedoch weiter auseinander liegen sollen, müssen sie versetzt gearbeitet werden, damit das Kleidungsstück nicht diagonal verzogen wird. Damit die Schnürung sauber beginnt und endet, müssen zusätzliche Ösen in halbem Abstand zum unteren Anfangsloch und zum oberen Endloch gestochen werden (die sich auf gegenüberliegenden Seiten des Kleidungsstücks befinden).

Kreuzschnürung *Spiralschnürung*

Material

Kordel oder Band zum Schnüren

Dicke Sticknadel ohne Spitze (bei dünner Kordel und kleinen Ösen)

Spiralschnürung

So wird's gemacht

1. Für die Spiralschnürung die Kordel von innen nach außen durch die unterste Öse fädeln und einen dicken Stopperknoten binden, damit das Ende nicht durch die Öse rutscht.

2. Die Kordel von außen nach innen durch die nächste Öse auf der anderen Seite fädeln.

3. Nun die Kordel wieder von innen nach außen durch die nächste Öse auf der ersten Seite fädeln.

4. Fortlaufend wiederholen. Die Kordel darf niemals zwischen den Kanten verlaufen, da sich das Kleidungsstück sonst nicht vollständig schließen lässt. Wenn die Ösen klein sind, ist eine dicke Sticknadel ohne Spitze hilfreich, um das Band oder die Kordel durchzufädeln.

(bitte umblättern)

Schnürmuster (Fortsetzung)

5. Am oberen Ende des Kleidungsstücks die Kordel durch die letzte Öse führen, die sich in halbem Abstand zur vorherigen Öse auf derselben Seite befindet. Die beiden letzten Ösen sollten auf der gegenüberliegenden Seite des Paares auf der Anfangsseite liegen, damit die Schnürung auf der Innenseite des Kleidungsstücks endet.

6. Die Kordel direkt unter der Öse verknoten, damit sie nicht herausrutscht. Das lose Ende zwischen Kleidungsstück und Körper stecken.

Kreuzschnürung

So wird's gemacht

Es gibt verschiedene Formen der Kreuzschnürung. Diese wird für Korsetts verwendet.

1. Eine lange Kordel nehmen. 4 Meter genügen meist, sofern der Abstand der Stoffkanten nicht sehr groß sein soll. Die Mitte der Kordel finden.

2. Die beiden Enden der Kordel durch das erste Ösenpaar fädeln, sodass die Mitte der Kordel genau zwischen den Ösen sitzt. Es spielt keine Rolle, ob die Kordeln dafür von vorn nach hinten oder von hinten nach vorn eingefädelt werden. Es empfiehlt sich aber, sie so einzufädeln, dass die Kordeln durch die letzten Ösen von außen nach innen gefädelt werden, damit der Knoten innen sitzt.

3. Die beiden Kordeln kreuzen und durch die Ösen auf den gegenüberliegenden Seiten fädeln. Wenn sie durch die ersten Ösen von innen nach außen geführt wurden, werden sie jetzt von außen nach innen gefädelt (und umgekehrt).

4. Die Kordeln fortlaufend weiter kreuzen und durch die nächsten Ösenpaare führen. Dabei immer dort hineinführen, wo sie beim vorigen Durchgang herauskamen.

5. Für Korsetts: Bei den Ösen in Taillenhöhe ist es sinnvoll, Schlaufen zum Festziehen anzubringen, damit das Korsett in der Taille am stärksten gezogen wird (und nicht, was unbequemer wäre, an den Hüften oder in der Nähe der Lunge). So lässt sich das Korsett anpassen, ohne es ganz aufschnüren zu müssen. Dazu führt man die Kordeln am ersten Ösenpaar auf Taillenhöhe nach außen und dann – ohne sie zu überkreuzen – durch die direkt darüber liegenden Ösen wieder nach innen. Die Kordeln nicht zu weit durchziehen, sondern lange Schlaufen hängen lassen. An diesen kann man später ziehen, um die Schnürung nach Belieben zu straffen oder zu lockern. Wichtig ist, genug Kordel übrig zu lassen, um die restliche Schnürung fertigzustellen.

6. Wenn das untere Ende erreicht ist, die beiden Kordelenden verknoten. Die Schnürung etwas lockern. Sie kann später mithilfe der Schlaufen wieder gestrafft werden.

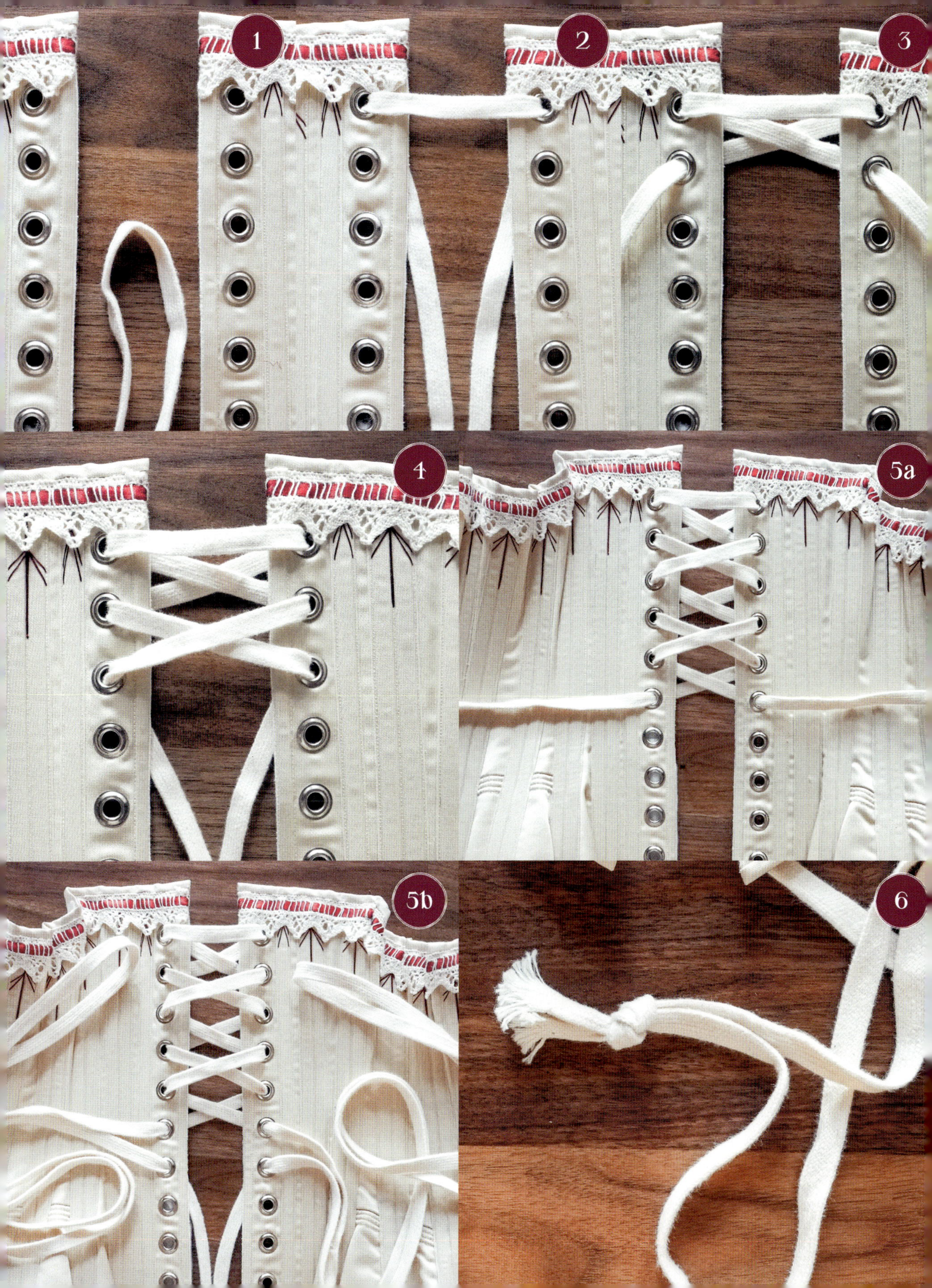
1
2
3
4
5a
5b
6

Haken und Ösen

Haken und Ösen oder Haken und Riegel erfreuten sich im 19. Jahrhundert großer Beliebtheit und werden auch heute noch häufig bei der Herstellung von Kleidungsstücken verwendet. Ganz gleich, ob du ein neues Nähprojekt mit einem diskreten Verschluss versehen oder einen losen Haken an einem bestehenden Kleidungsstück reparieren möchtest, diese Verschlussmethode ist sehr praktisch und nimmt nicht viel Zeit in Anspruch. Wie bei den meisten Verschlüssen ist es wegen der Zugbelastung am besten, Haken und Ösen an Teilen eines Kleidungsstücks anzubringen, die aus zwei oder mehr Stofflagen bestehen.

Zunächst muss entschieden werden, ob eine Öse (rund) oder einen Riegel (gerade) verwendet werden soll. Ösen eignen sich für Kanten, die bündig aneinanderstoßen sollen. Die Öse macht dies möglich, weil man sie auf den Stoff näht und nur minimal über die Kante hinausragen lässt – gerade genug, um den Haken einzuhängen. Einen Riegel verwendet man dort, wo eine fertige Hakenkante ein anderes Stück Stoff überlappen muss. Da die Nahtpunkte eines Riegels auf der gleichen Ebene liegen wie die Stelle, an der der Haken einrastet, ist der Verschluss am fertigen Kleidungsstück nicht zu sehen.

Päckchen mit Haken und Ösen enthalten manchmal zusätzlich Riegel. Ist das nicht der Fall, kann man die Riegel aus Garn arbeiten. Solche handgemachten Riegel eignen sich nicht nur für Hakenverschlüsse. Sie können auch als Gürtelschlaufen dienen oder zur Verstärkung an stark strapazierten Stellen angebracht werden, beispielsweise an Hemdschlitzen oder an den Röcken einiger Unterkleider aus dem 17. und 18. Jahrhundert.[12]

(bitte umblättern)

Links: Hakenverschluss an einem Abendkleid von ca. 1860. Diese Haken wurden ziemlich eilig angenäht. Das zeigt, dass es bei Kleidung, die ihren Zweck erfüllt, nicht unbedingt auf Perfektion ankommt.

Material

Nadel (am besten kurz)

Garn (möglichst stabiles Knopflochgarn)

Wachs (bei Bedarf)

Fingerhut

Markierwerkzeug (Bleistift, Kreide, Magic Marker)

Schere

Haken

Ösen oder Riegel (Riegel können auch von Hand genäht werden)

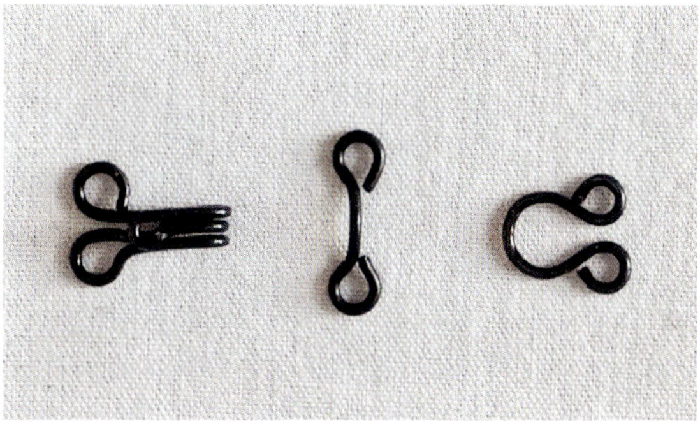

Haken (links), Riegel (Mitte), Öse (rechts)

Genähter Riegel

So wird's gemacht

1. Für den genähten Riegel das Ende des doppelten Fadens auf der linken Stoffseite sichern, dann an der Anfangsposition des Riegels zur rechten Stoffseite durchstechen.

2. An der Endposition des Riegels wieder einstechen. Ein Riegel für einen Haken ist meist etwa 6 mm lang, ein Riegel als Gürtelschlaufe muss der Gürtelbreite angepasst sein. Riegel für Haken sollten ziemlich fest gezogen werden, aber nicht so fest, dass sich der Stoff verzieht. Gürtelschlaufen können etwas lockerer sein, allerdings dehnen sie sich beim Benutzen noch.

3. Auf der linken Stoffseite einen Rückstich arbeiten, um den langen Spannfaden zu fixieren. Dann direkt am Ende des Riegels wieder zur rechten Seite durchstechen.

4. Den langen Spannstich mit Knopflochstichen umnähen (ähnlich wie eine Knopfschlaufe, siehe Seite 108). Wenn das andere Ende des Riegels erreicht ist, zur linken Stoffseite durchstechen und den Faden vernähen.

(bitte umblättern)

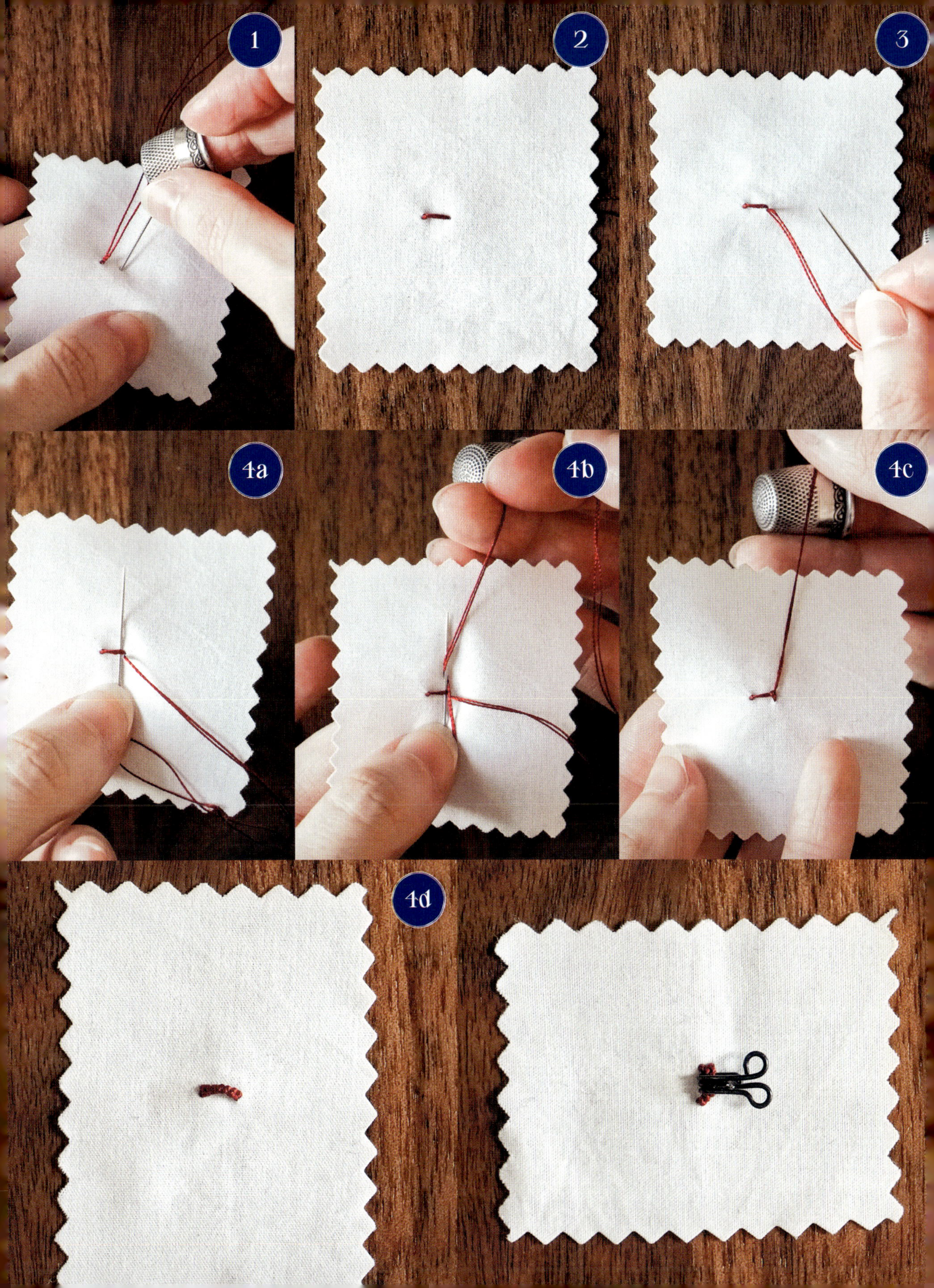
1
2
3
4a
4b
4c
4d

1
2a
2b
3
4
5
6

Haken und Ösen anbringen

So wird's gemacht

1. Den Haken an die gewünschte Position legen. Sollen die Kanten bündig zusammentreffen, sollte die Rundung des Hakens genau mit der Kante des Stoffs abschließen. Liegt der Haken zu weit innen, muss die Stoffkante umgeschlagen werden, um geschlossen werden zu können; liegt er zu weit außen, ist bei geschlossenem Kleidungsstück das Ende des Hakens zu sehen.

2. Am einfachsten ist es, den Haken mit Überwendlingsstichen (Seite 67) durch die runden Befestigungsösen auf den Stoff zu nähen. Im Idealfall sollten diese Befestigungspunkte sauber umnäht werden. Da Haken und Ösen aber stets verdeckt liegen, wird oft hastig oder nachlässig gearbeitet. Solange die Stiche gut halten, kommt es also nicht unbedingt auf Perfektion an.

3. Wenn beide Befestigungspunkte festgenäht sind, mit der Nadel zur linken Stoffseite durchstechen und neben dem Häkchen wieder herauskommen.

4. Einen Stich über das Häkchen nähen, um es zusätzlich zu fixieren. Dann den Faden auf der linken Stoffseite vernähen.

5. Die Öse wird bei bündig schließenden Kleidungsstücken so angenäht, dass sie etwa 1 mm über die Stoffkante hinaussticht – gerade genug, um den Haken einhängen zu können, aber nicht so viel, dass man den Verschluss sieht.

6. Wer seine Haken und Ösen besonders sicher anbringen möchte, kann sie auch mit Knopflochstichen auf den Stoff nähen (Seite 103).

Die kleinen Extras

Die folgenden Techniken sind zwar für die Konstruktion von Kleidungsstücken nicht unbedingt erforderlich, werten sie aber optisch auf und können auch einen praktischen Nutzen haben. Raffungen, Falten und Smokarbeiten bieten Möglichkeiten, Stoffweite einzuhalten, einem Kleidungsstück Form zu geben oder, im Falle von Smokarbeiten, für eine gewisse Dehnbarkeit zu sorgen. Durch Einsätze können Kleidungsstücke oder Teile länger oder weiter gemacht werden.

Falten

Falten sind eine Möglichkeit, Stoffweite einzuhalten, ohne dass sich der Stoff wie beim Kräuseln bauscht. In Falten gelegter Stoff ist relativ flach. Es gibt verschiedene Arten von Falten, beispielsweise Messerfalten, die alle in dieselbe Richtung zeigen, sowie symmetrische Quetsch- und Kellerfalten.

Material

Markierwerkzeug (Bleistift, Kreide, Magic Marker)

Lineal

Stecknadeln

Nadel

Garn

Wachs (bei Bedarf)

Fingerhut

Bügeleisen

Messerfalten

So wird's gemacht

1. Um Messerfalten in den Stoff einzulegen, müssen zuerst die Stellen markiert werden, an denen der Stoff gefaltet werden soll. Jeder Faltenabschnitt sollte doppelt so breit sein wie die eigentliche Falte. In diesem Beispiel markiere ich 2,5 cm breite Abschnitte, aus denen 1,2 cm breite Falten entstehen. Nur jedes zweite Markierungsfeld wird eine Falte. Die dazwischen liegenden Felder bilden die Abstände zwischen den Falten, die entweder die gleiche Breite wie die Falte haben können (sodass ein kleiner Abstand zwischen den Falten entsteht), nach Wunsch aber auch schmaler oder breiter sein können. Dabei muss berücksichtigt werden, dass ein Teil des Abstands durch die vorherige Falte verdeckt wird. Wenn der Abstand beispielsweise 1,2 cm betragen soll, muss dieser zur Breite der Falte addiert werden. Wenn die Falten 1,2 cm breit sein sollen, müssen also jeweils 2,5 cm abgemessen werden, um Abstände von 1,2 cm zu erhalten.

2. Nun jeweils zwei Markierungen aufeinander bringen, die Falte auf die gewünschte Seite legen und feststecken.

3. Die Oberkante der gefältelten Partie sollte geheftet werden, um die Falten an ihrem Platz zu halten.

4. Die Falten werden dann normalerweise gebügelt, um sie zu glätten. Man kann darauf aber auch aus ästhetischen Gründen verzichten.

(bitte umblättern)

1
2a
2b
3
4

1
2a
3
4a
5
6

Quetschfalten

So wird's gemacht

1. Die Falten werden folgendermaßen auf dem Stoff angezeichnet: Zunächst die fertige Breite der Falte markieren, in diesem Fall 2,5 cm. Auf jeder Seite davon den Untertritt in halber Breite anzeichnen, in diesem Beispiel sind es 1,2 cm. Auf beiden Seiten dieser Faltenabschnitte die Abstände zwischen den Falten anzeichnen. Sie können die gleiche Breite wie die Hauptteile haben, wenn die Falten direkt aneinanderstoßen sollen. Bei größeren Abständen entsteht eine gewisse Distanz zwischen den einzelnen Falten. Dieses Muster wiederholen, bis die gewünschte Anzahl von Falten erreicht ist.

2. Nun die 1,2 cm breiten Untertritte unter die Hauptfalte legen, sodass sie sich in der hinteren Mitte treffen.

3. Die Falten feststecken.

4. Für eine Kellerfalte werden die beiden 1,2 cm breiten Abschnitte so gefaltet, dass sie sich in der vorderen Mitte der Hauptfalte treffen.

5. Den oberen Bereich der gefältelten Partie heften, um alle Falten an ihrem Platz zu halten.

6. Zuletzt werden die Falten normalerweise gebügelt, damit sie flach liegen.

Kräuseln

Das Kräuseln ist eine einfache Methode, um Stoffweite zusammenzuraffen, um beispielsweise einen weiten Rock an ein enges Taillenbündchen oder einen weiten Ärmel in einen kleineren Armausschnitt zu setzen.

Einfache Kräuselungen können auf verschiedene Weise ausgeführt werden, entweder mit der Hand, z. B. mit Vorstich oder Überwendlingsstich, oder auch mit der Maschine mit einem großen geraden Steppstich und ohne Rückstich am Anfang oder Ende. Beim Kräuseln ist es am besten, ein möglichst starkes Garn zu verwenden, damit es beim Zusammenziehen des Stoffes nicht reißt. Ich habe für diese Beispiele Knopflochgarn aus Seide verwendet. Es ist etwas dicker und aufgrund des Materials besonders stabil. Für feine Stoffe sollte ein dünneres Garn verwendet werden, weil sie sich leichter kräuseln lassen und durch ein dickes Garn zu stark belastet werden.

Bei langen Kräuselungen, wie z. B. Rüschen am Saum, kann es bei der Arbeit mit der Nähmaschine sinnvoll sein, den Kräuselfaden in Abschnitten von etwa 1 m Länge zu verarbeiten, um die große Länge in mehreren Segmenten kräuseln zu können. Falls der Kräuselfaden reißt, muss er nicht auf der gesamten Länge erneuert werden, sondern nur in dem betroffenen Abschnitt.

Material

Nadel

Garn (am besten stabiles Seiden- oder Polyestergarn)

Fingerhut

Stecknadeln

Schere

Kräuseln mit Überwendlingsstich

Diese Technik ist in der Schneiderei vor dem 19. Jahrhundert am häufigsten anzutreffen. Sie lässt sich relativ schnell und einfach arbeiten.

So wird's gemacht

1. Mit der Nadel am gewünschten Startpunkt einstechen, ohne das Fadenende zu sichern. Der Stich sollte nicht zu tief in der Naht platziert werden, damit er die Nahtlinie nicht stört. An einer unversäuberten Kante muss er andererseits so tief sein, dass er beim Kräuseln keine Gewebefäden herauszieht.

2. Entlang der Kante, die gekräuselt werden soll, mit Überwendlingsstichen (Seite 67) nähen. Die Größe der Stiche bestimmt, wie die Kräuselung ausfällt. Große Stiche ergeben eine gröbere Kräuselung und eignen sich eher für dicke Stoffe, kleine Stiche ergeben eine feine Kräuselung.

3. Wenn die Stiche entlang der ganzen Kante genäht sind, an einem Ende ziehen und den Stoff vorsichtig zusammenraffen. Dabei das andere Garnende im Blick behalten: Es darf nicht versehentlich aus dem Stoff gezogen werden.

(bitte umblättern)

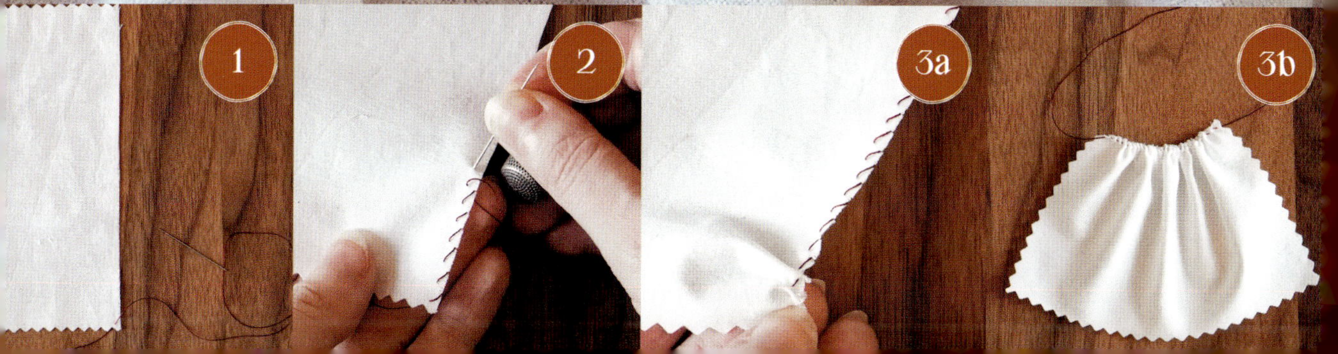
1
2
3a
3b

2
4a
5
6a
7a
7b
8a
8b

Kräuseln mit Vorstich

Diese Methode setzte sich im 19. Jahrhundert durch und wird noch heute vorwiegend angewandt. Der Kräuselfaden kann entweder mit der Hand oder mit der Maschine mit einem langen, geraden Steppstich eingezogen werden.

So wird's gemacht

1. Bein Nähen von Hand wird der Faden nicht gesichert. Auch beim Nähen mit der Maschine auf das Verriegeln verzichten.

2. Entlang der zu kräuselnden Kante mit Vorstich fortfahren (Seite 59). Die Stiche sollten etwa doppelt so lang sein wie die Abstände zwischen ihnen. Bei einem zählbaren Stoff kann das bedeuten, die Nadel abwechselnd unter zwei Gewebefäden und über vier Gewebefäden zu führen.

3. Die Länge der Stiche bestimmt die Größe der Kräuselfältchen. Größere Stiche ergeben größere Fältchen, während kleinere Stiche kleinere Fältchen ergeben. Kleine Stiche sehen auf feineren Stoffen schön aus, sind aber auf dickeren Stoffen nutzlos, da sich der Stoff nicht so fein kräuseln lässt. In jedem Fall müssen die Stiche gleichmäßig sein, damit auch die Kräuselung gleichmäßig ausfällt.

4. Meist genügt es, einen Kräuselfaden einzuziehen. Zieht man jedoch zwei ein, liegt die Kräuselung ordentlicher. Die zweite Stichreihe sollte exakt im gleichen Rhythmus wie die erste gearbeitet werden, d. h. die Ein- und Ausstiche liegen jeweils genau übereinander.

5. Zum Kräuseln des Stoffs an den Fadenenden ziehen. Dabei immer das freie Ende im Auge behalten, um es nicht versehentlich aus dem Stoff zu ziehen.

6. Wenn ein gekräuseltes Teil an ein glattes genäht werden soll, muss die Kräuselung geglättet werden, damit sie gleichmäßig sitzt. Dies geschieht am besten mit einer Stecknadel: Die Fältchen behutsam so anordnen, dass sie parallel liegen und gleich groß sind. Das Tal jedes Fältchens (oder alle paar Fältchen, wenn die gekräuselte Kante lang ist) kann an den Grundstoff geheftet werden. Die Bilder zeigen das Anbringen eines geraden Bündchens. Gekräuselter Stoff und Bündchen liegen rechts auf rechts. Die Kanten werden ausgerichtet, dann wird das gekräuselte Teil auf das glatte geheftet.

7. Ich nähe gekräuselte Teile mit Rückstich fest (Seite 63), um sicherzustellen, dass wirklich alle Kräuselfältchen erfasst werden. Beim Festnähen mit Vorstich entstehen kleine Lücken, die dazu führen, dass sich Fältchen lösen können. Die Nadel wird ins Tal eines Fältchens ein- und durch das Tal des nächsten Fältchens wieder ausgestochen. Fortfahren, bis jedes Fältchen auf dem glatten Grundstoff fixiert ist.

(bitte umblättern)

Kräuseln (Fortsetzung)

8. Für dieses Beispiel werden die Nahtzugaben zum glatten Bündchen gebügelt. Dann die freie Kante des Bündchens knapp einschlagen. Das Bündchen links auf links zur Hälfte falten, sodass alle unversäuberten Kanten verdeckt sind.

9. Die Bruchkante mit Überwendlingsstich festnähen. Dabei sollte jeder Stich einen »Buckel« der Kräuselung mitfassen.

Vorn *Hinten*

Fälteln

So wird's gemacht

Der Name dieser Technik ist etwas irreführend, denn eigentlich ist sie dem Kräuseln ähnlicher. Die Vorgehensweise ähnelt dem Kräuseln mit Vorstich, allerdings werden die Stiche größer gearbeitet, weil diese Technik hauptsächlich dazu dient, längere oder schwerere Stoffbahnen zusammenzuraffen.

1. Eine Reihe lange Vorstiche (Seite 59) nahe der Stoffkante nähen, ohne das Garnende zu sichern. Die Größe der Stiche kann frei bestimmt werden. Längere Stiche erzeugen größere Fältchen, kleinere Stiche ergeben kleinere Fältchen. Anders als beim Kräuseln mit Vorstich müssen die Stiche und ihre Abstände hier gleich lang sein.

2. Mindestens drei parallele Vorstichreihen arbeiten. Dabei ist wichtig, dass die Ein- und Ausstiche jeweils genau übereinander liegen, damit gleichmäßige Fältchen entstehen.

3. An den Enden der Fäden ziehen, um den Stoff zusammenzuraffen. Damit sich die Fältelung nicht wieder löst, bevor das Teil an ein Bündchen oder Kleidungsstück genäht wird, ist es ratsam, die Kräuselfäden zu verknoten.

4. Beim Annähen werden die Kanten von Grundstoff und gekräuseltem Stoff ausgerichtet. Dann nur die Täler der Falten mit Rückstich am Grundstoff festnähen.

1
2
3
4

Spitze einsetzen

Ich verwende den Begriff »Spitze«, weil dieses Material normalerweise im 19. Jahrhundert verwendet wurde. Ebenso gut kann aber auch ein kontrastfarbiger Stoff, ein bestickter Stoff oder ein anderes dekoratives Material verwendet werden, um einem Kleidungsstück auf kreative Weise mehr Länge oder Weite zu verleihen.

Die dekorative Methode

Diese Methode wurde bis ins frühe 20. Jahrhundert hinein häufig verwendet, um dekorative Spitzenstreifen und Einsätze an Kleidungsstücken anzubringen. Da die Spitze auf den vorhandenen Stoff genäht und dieser danach darunter weggeschnitten wird, ändert diese Methode weder die Weite noch die Länge des Kleidungsstücks.

Material

Stecknadeln

Nadel

Garn

Wachs (bei Bedarf)

Fingerhut

Schere

So wird's gemacht (Fotos Seite 140)

1. Zuerst die Spitze an die gewünschte Position des Kleidungsstücks legen und bei Bedarf gerade oder symmetrisch ausrichten.

2. Die Spitze muss provisorisch fixiert werden, bevor sie festgenäht wird. Das kann mit Stecknadeln erfolgen, die aber bewirken können, dass der Stoff Wellen oder kleine Beulen bildet. Darum empfehle ich, die Spitze mit Staffierstichen (Seite 73) auf den Stoff zu heften.

3. Nun alle Kanten der Spitze von Hand oder mit der Maschine auf den Grundstoff nähen.

   Für dieses Beispiel habe ich den Wechselstich (Seite 65) verwendet, weil er fast so schnell zu nähen ist wie der Vorstich, aber beinahe so stabil ist wie der Rückstich. Das Garn sollte zur Farbe der Spitze passen, farbiges Garn wurde hier nur zur Veranschaulichung verwendet. Wer bewusst ein kontrastfarbiges Garn verwenden möchte, sollte mit einem regelmäßigeren Stich nähen, etwa dem Vorstich (Seite 59), dem Rückstich (Seite 63) oder dem halben Rückstich (Seite 64).

(bitte umblättern)

1

2

3

4a

4b

6

Dekorative Methode (Fortsetzung)

4. Das Kleidungsstück wenden und den Grundstoff auf der linken Seite unter der Spitze einschneiden. Dabei nicht die Spitze beschädigen!

5. Die Nahtzugaben müssen bei breiten Spitzeneinsätzen meist beschnitten werden. Sie dürfen nicht zu breit sein, sonst legen sie sich nicht von selbst zur Stoffseite. Ich empfehle eine Breite von höchstens 1,3 cm. Bei historischen Kleidern blieben die Nahtzugaben meist unversäubert. Das ist auch heute möglich, wenn es sich um festen und dicht gewebten Stoff handelt, z. B. dünne Baumwolle, nicht fransender Stoff wie Strick oder Filz oder auch filzender Wollstoff. Ansonsten sollten die Kanten mit einer Overlock, dem Überwendlingsstich (Seite 83) oder einer Zackenschere (Seite 80) versäubert oder schmal eingeschlagen und auf den Grundstoff genäht werden (Seite 89).

6. Die Kanten der Nahtzugaben sollten auf den Grundstoff geheftet werden, damit sie sich nicht umklappen und den Eindruck der Spitze stören. Das kann mit Handstichen geschehen, ebenso ist denkbar, die Nahtzugaben mit der Maschine knappkantig neben dem Spitzeneinsatz festzusteppen. Für das Beispiel wurde Vorstich (Seite 59) von Hand gearbeitet, das geht schnell und diese Naht muss nicht viel halten.

Einsatz mit Änderung der Länge oder Weite

Für diese Methode müssen entweder zwei separate, noch nicht zusammengenähte Teile verwendet werden, oder die Teile eines bestehenden Kleidungsstücks müssen entlang der Naht, an der ein Einsatz eingenäht werden soll, aufgetrennt werden. Bei dieser Methode wird das Kleidungsstück um die Länge oder Breite des Einsatzes vergrößert. Das kann man gut nutzen, um die Größe eines Kleidungsstücks zu ändern. Wenn jedoch mit einem Schnittmuster für eine bestimmte Größe gearbeitet wird, muss die Länge oder Breite des Einsatzes von den vorgesehenen Teilen abgezogen werden. Ist der Einsatz an einer Naht vorgesehen, wird auf jeder Seite der Naht die halbe Breite oder Länge abgezogen.

(bitte umblättern)

Material

Stecknadeln

Nadel

Garn

Wachs (bei Bedarf)

Fingerhut

Schere

Einsatz mit Größenänderung

So wird's gemacht

1. Da auf der rechten Seite des Werkstücks gearbeitet wird und gezeichnete Linien nicht auf beiden Seiten sichtbar sind, müssen die Nahtlinien für den Einsatz zuerst mit Heftfäden markiert werden (Seite 34).

2. Auf der rechten Stoffseite den Spitzeneinsatz an eins der beiden Teile des Kleidungsstücks nähen, dabei die Nahtlinie beachten. Die Naht kann von Hand oder mit der Maschine gearbeitet werden. Ich bevorzuge den Wechselstich (Seite 65), denn Spitzeneinsätze können recht lang sein und dieser Stich lässt sich schnell arbeiten, ist aber dennoch recht stabil. Für das Beispielfoto wurde wegen der besseren Sichtbarkeit kontrastfarbiges Garn verwendet. Normalerweise würde man farblich passendes Garn wählen oder kontrastfarbiges Garn mit einem regelmäßigeren Stich verarbeiten, etwa dem Vorstich (Seite 59), dem Rückstich (Seite 63) oder dem halben Rückstich (Seite 64).

3. Die andere Kante des Spitzeneinsatzes ebenso an das andere Teil des Kleidungsstücks nähen.

4. Die Nahtzugaben werden von der Spitze weg gebügelt, damit sie nicht durchscheinen. Je nach Stoff können sie unversäubert bleiben oder versäubert werden, z. B. mit einer Overlock, mit Überwendlingsstichen (Seite 83), einer Zackenschere (Seite 80) oder durch Einschlagen und Festnähen. Danach werden die Nahtzugaben mit einem Stich eigener Wahl direkt neben der Spitze festgeheftet. Da die Naht nicht viel halten muss, wurde in diesem Beispiel der Vorstich verwendet.

1

2

3

4

Biesen

Biesen können dekorativen Zwecken dienen, aber sie wurden früher auch gern in Kinderkleidung eingearbeitet: Wenn das Kind größer wurde und das Kleidungsstück mitwachsen sollte, konnte man die Biesen einfach herauslassen.

Biesen sind recht einfach zu nähen, nur die Berechnung der Stoffmenge, die dafür hinzugefügt werden muss, ist etwas schwieriger. Zuerst muss festgelegt werden, wie viele Biesen gearbeitet werden sollen und wie groß deren Breite sein soll. Dann wird die Breite der Biesen mit 2 multipliziert. Das Ergebnis muss danach mit der Anzahl der gewünschten Biesen multipliziert werden.

Biesen lassen sich am einfachsten und saubersten auf einem glatt gewebten Stoff im Fadenlauf (also parallel zur Webkante) nähen. Man kann sie auch schräg oder quer zum Fadenlauf arbeiten, dabei ist aber sehr viel mehr Präzision erforderlich, damit der Stoff anschließend glatt sitzt und sich nicht verzieht.

Biesen können von Hand oder mit der Maschine genäht werden. Zum Nähen mit der Hand empfehle ich einen Vorstich, weil relativ viele Nähte zu arbeiten sind, die aber nicht sehr stark sein müssen. Hier darf also das Tempo im Vordergrund stehen. Die Nählehrerin Agnes Walker bestätigte 1907, dass Biesen mit Vorstichen genäht werden sollten und dass der Rückstich »eine Verschwendung von Zeit und Augenlicht ist, wenn man mit der Hand arbeitet.«[13]

(bitte umblättern)

Material

Lineal

Markierwerkzeug (Bleistift, Kreide, Magic Marker)

Nadel

Garn

Wachs (bei Bedarf)

Fingerhut

Schere

Bügeleisen

So wird's gemacht

1. Zuerst die Breite der Biesen und die Abstände ausmessen. Wenn beispielsweise vier 6 mm breite Biesen in der vorderen Mitte einer Bluse gearbeitet werden sollen, wird die Breite der Biesen verdoppelt (= 1,2 cm). Das Ergebnis mit der Anzahl der Biesen multiplizieren (1,2 cm x 4 = 4,8 cm). Da der Stoff eine gewisse Dicke hat, die sich beim Einlegen der Biesen bemerkbar macht, sollten pro Biese 1–2 mm hinzugefügt werden. Insgesamt muss das Teil für die vier Biesen also 5,2–5,6 cm breiter zugeschnitten werden.

2. Auch wenn es verlockend ist, durchgezogene oder gestrichelte Linien auf dem Stoff anzuzeichnen, rate ich davon ab. Biesen werden von der rechten Seite des Kleidungsstücks genäht, man würde die Markierungen also sehen, wenn kein selbstlöschender Stift verwendet wird. Andererseits gibt es historische Kleidung mit sichtbaren Linien, die manchmal sogar mit Tinte gezeichnet sind. Ich finde es jedoch sauberer und effektiver, die beiden Markierungen an einem Ende zusammenzukneifen und dann im Fadenlauf ein Fältchen mit den Fingern in den Stoff zu falzen.

3. Agnes Walker empfiehlt in ihrem Buch, Biesen vor dem Nähen zu heften. Das ist beim Nähen von Hand sinnvoll, beim Nähen mit der Maschine aber nicht nötig, wenn auf der Stichplatte eine Maßskala angebracht ist. Die Heftstiche werden in 1–2 mm Abstand zur Nahtlinie gearbeitet, damit sie beim Nähen nicht mitgefasst werden.

4. Wenn alle Biesen genäht sind, werden sie in eine Richtung gebügelt.

Tipp:

Unabhängig davon, ob du zum ersten Mal Biesen nähst oder mehr Übung hast, empfehle ich, zuerst ein Probestück mit einem Stoffrest zu nähen. So kannst du mit der Breite der Biesen und den Abständen zwischen ihnen experimentieren, um herauszufinden, welche Kombination am besten zu Stoff und Schnitt des Kleidungsstücks passt.

1
2
3
4a
4b

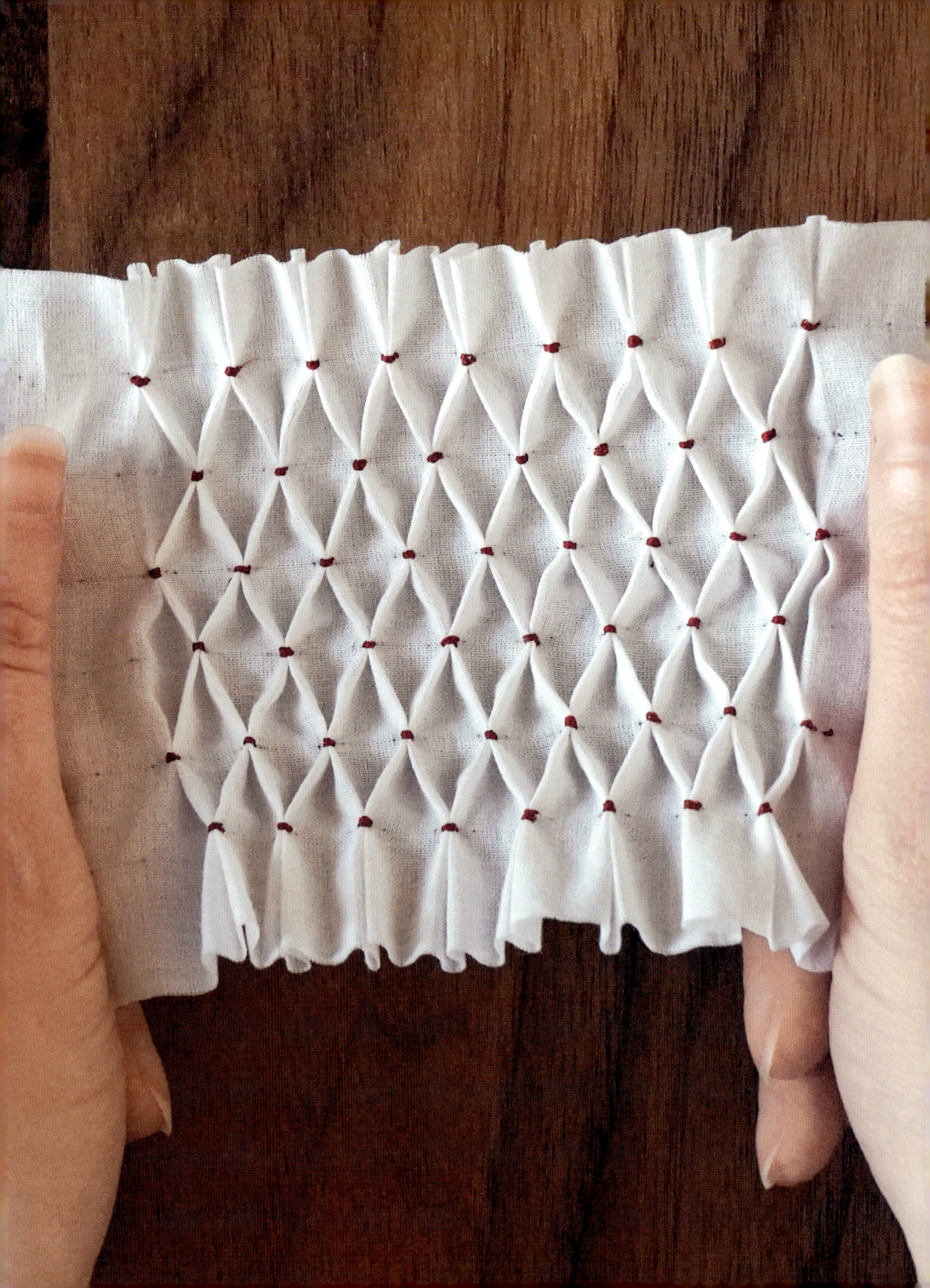

Smoken

Smokarbeiten sehen sehr dekorativ aus, haben aber auch einen praktischen Nutzen: Sie zeichnen sich durch eine gewisse Dehnbarkeit aus und erlauben darum die Herstellung körpernah sitzender Kleidungsstücke. Es gibt zahlreiche Varianten des Smokens, die sich aus der Anordnung der Stiche und Reihen ergeben. Für Einsteiger eignet sich ein einfaches Smokmuster, das im 19. Jahrhundert als Wabenmuster bekannt war. [14] *Die Dehnbarkeit beruht nicht darauf, dass der Stoff elastisch ist, sondern dass seine Breite zusammengerafft wird. Ein gesmokter Teil eines Kleidungsstücks muss darum je nach Smokmuster mindestens die doppelte, wenn nicht die zweieinhalbfache oder dreifache Breite des gewünschten fertigen Maßes haben. Für das Wabenmuster ist die doppelte Stoffbreite erforderlich, für komplexere Muster mit engeren Fältchen wird oft mehr benötigt.*

(bitte umblättern)

Material

Lineal

Markierwerkzeug (Bleistift, Kreide, Magic Marker)

Nadel

Garn

Wachs (bei Bedarf)

Fingerhut

Schere

So wird's gemacht

1. Auf der linken Stoffseite zuerst mehrere waagerechte Linien anzeichnen. Der Abstand bestimmt, wie groß die einzelnen Segmente des fertigen Wabenmusters ausfallen und kann frei bestimmt werden. In diesem Beispiel beträgt der Abstand ca. 1,3 cm, wie es im 19. Jahrhundert üblich war.

2. Danach werden auf diesen Linien die Positionen der Stiche angezeichnet. Ihr Abstand sollte ebenso groß sein wie der Abstand der waagerechten Linien, in diesem Beispiel also wieder 1,3 cm. Die Stichmarkierungen müssen exakt übereinander liegen.

3. Jetzt die vorläufigen Smokstiche in waagerechten Reihen arbeiten. Jeder Stich ist halb so lang wie der Abstand zwischen den Markierungen. Diese Stiche werden im Vorstich gearbeitet (Seite 63). Anfang und Ende des Fadens werden nicht gesichert.

4. Die Ein- und Ausstiche müssen jeweils exakt übereinander liegen, ähnlich wie beim Fälteln (Seite 136).

5. Jetzt an den Fäden ziehen, sodass sich der Stoff in gleichmäßige Fältchen legt.

6. Einen Faden auf der linken Stoffseite sichern, dann die Arbeit auf rechts drehen und den ersten Stich durch die Gipfel der beiden ersten Fältchen der ersten Reihe arbeiten. Dabei werden die Fältchen zusammengezogen. Zwei oder drei Stiche auf derselben Stelle arbeiten, damit die Stelle stärker ins Auge fällt. Das ist besonders wichtig, wenn mit kontrastfarbigem Garn gearbeitet wird.

7. Die Nadel auf der Rückseite der Arbeit Nadel schräg abwärts führen und in der zweiten Reihe der dritten Falte wieder ausstechen.

8. Die zweite und dritte Falte in dieser Reihe zusammenheften. Nach Belieben wieder zwei oder drei Stiche auf derselben Stelle arbeiten.

9. Die Nadel auf der Rückseite schräg aufwärts führen und in der ersten Reihe der dritten Falte ausstechen.

10. Die dritte und vierte Falte wie zuvor zusammennähen. Dies ist das Muster, das wiederholt wird.

11. Weiterhin im Zickzack Fältchen der ersten und zweiten Reihe wie zuvor zusammennähen. Wenn das Ende erreicht ist, können die provisorischen Kräuselfäden entfernt werden.

12. Ebenso die nächsten beiden Reihen smoken, dann nach dem gleichen Prinzip fortfahren, bis alle vorgesehenen Reihen gesmokt sind.

1
2
3a
3b
4
5
6
7
8
9
10
11

Porträt: Sophia Khan

Ich bin mit alten Dingen aufgewachsen. In meiner Kindheit hatten meine Eltern einen Second-Hand-Möbelladen. Wir besuchten Antiquitätengeschäfte, Flohmärkte, Garagenverkäufe und manchmal sogar Müllcontainer, was mir sehr peinlich war. Aber meistens fand ich es sehr spannend, mit ihnen auf die Jagd zu gehen. Alle Frauen in meiner Familie konnten nähen, und ich lernte es, noch bevor ich zehn Jahre alt war. Als ältere Schülerin habe ich Kleidung für mich und meine Freunde genäht, aber auch Kostüme für unsere Theater-AG. Mit 16 habe ich in Chicago an einem Sommerferienkurs zum Thema Mode teilgenommen. Dort erfuhr ich, dass Mode ein Beruf sein kann. Von da an habe ich Second-Hand-Läden durchstöbert und gebrauchte Dinge auf jede erdenkliche Weise umfunktioniert.

Später habe ich Modedesign studiert und war von den großen Avantgarde-Designern fasziniert. Unsere Dozenten legten großen Wert auf die Unterscheidung zwischen Mode und Kostümierung. An dieses Ideal habe ich lange geglaubt. Dann begann ich, in der Konfektionsmodebranche zu arbeiten. Meine Begeisterung für Vintage war nicht verschwunden, aber in den Hintergrund getreten. Nur gelegentlich fand ich ein paar Stücke aus den 1940er- oder 50er-Jahren, die ich tragen konnte. Dann fing ich an, mich mit Mode vor dem 20. Jahrhundert zu beschäftigen. Ich nähte einige Korsetts aus Futtertaft, die ich mit Leinen einfasste. Sie waren nicht schön und passten nicht gut, aber ich hatte eine neue Leidenschaft entdeckt: Ich wollte historische Kleidung nähen. Im Internet fand ich eine Community, in der ich andere Menschen kennenlernte, die historische Kostüme schneiderten und trugen. So lange hatte ich gedacht, dass Kostüme ihren Platz nur im Film und auf der Bühne hatten, aber nun entdeckte ich ganz neue Möglichkeiten.

Kurz darauf packte mich auch wieder die Sammelleidenschaft. In einem Second-Hand-Laden in Brooklyn fand ich ein edwardianisches Mieder für 3 Dollar! Es hing zwischen den T-Shirts – ich konnte es nicht fassen. Immer öfter entdeckte ich dann alte, heruntergekommene und oft untragbare Kleidungsstücke. Ich wollte sie alle retten und verhindern, dass sie weggeworfen werden. Freunde begannen mir Kleidungsstücke zu schenken, die ihren Urgroßeltern oder früheren Vorfahren gehört hatten. Durch das Studium dieser Kleidungsstücke konnte ich viel lernen. Ich begann, die Stiche nachzuarbeiten und alte Nähbücher zu suchen, um ihre Namen herauszufinden. Gleichzeitig stieg ich beruflich aus der Modebranche ins Kostümdesign um. Das passte besser zu mir, weil ich nicht an Trends gebunden war und Modelle für die verschiedensten Menschen entwerfen konnte. Meine Kleidung nähe ich meist selbst, weil ich Schwierigkeiten hatte, gut sitzende Modelle von der Stange zu finden.

Heutzutage mische ich Vintage, zeitgenössische und historische Stile. Der edwardianische Stil, Art-Déco und die Mode der 1960er-Jahre sind meine Favoriten. Ich bin aber keine Puristin und mixe, was mir gefällt. Auf dieser Reise durch die Welt der Modegeschichte habe ich gelernt, dass jeder historische Kostüme schneidern und tragen kann – nicht nur auf der Bühne.

– Sophia Khan (sie/ihr)

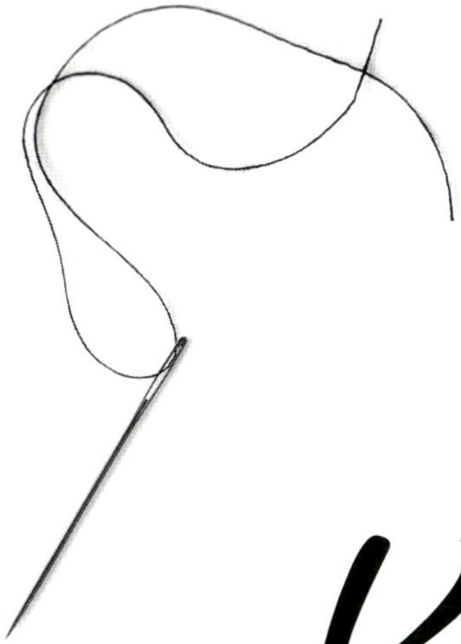

Kleidung ändern

Anpassen und Individualisieren

Nachdem wir die wichtigsten Stiche und ihre Einsatzgebiete kennen gelernt haben, können wir die neu erworbenen Fähigkeiten an einigen Änderungen erproben. Wer die Grundlagen des Nähens beherrscht und sich zutraut, Kleidung zu ändern, ist nicht auf eine einzige Größe festgelegt und hat in Second-Hand-Läden viel größere Chancen, einzigartige neue Stücke zu finden.

Wer mit Nadel und Faden umgehen kann, wird ganz neue Möglichkeiten entdecken. Säume können (bis zu einem gewissen Grad) gekürzt oder verlängert werden, Nähte können aufgetrennt und neu geformt werden, Einsätze können hinzugefügt werden, um überall dort, wo es wünschenswert ist, mehr Platz und Bewegungsfreiheit zu geben. Ein Kleidungsstück besteht im Grunde doch nur aus einer Reihe von Schnittmusterteilen. Man kann es in diese Teile zerlegen, um sie dem Körper besser anzupassen. Man kann sie nachzeichnen und verkleinern oder ein ganz neues Kleidungsstück aus ihnen nähen. Und natürlich kann man ein gut sitzendes, schönes Stück mit einigen Tricks und Kniffen in ein atemberaubendes verwandeln. Das Geheimnis eines außergewöhnlichen Kleidungsstücks liegt oft in seiner Passform, und die Fähigkeit, die Passform seiner Kleidung selbst in die Hand zu nehmen, ist von unschätzbarem Wert.

Wer dieses Kapitel aufgeschlagen hat, ohne die vorherigen zu lesen, kann das Grundlagenkapitel zum Nachschlagen verwenden, denn die Stiche und Techniken werden auf den folgenden Seiten nicht noch einmal ausführlich erklärt.

Einen Saum kürzen

Hier wird das Kürzen einer Hose erklärt. Diese Technik eignet sich aber für Säume aller Art, also auch für Kleider, Röcke, Shirts und mehr.

(bitte umblättern)

Material

Kleidungsstück zum Kürzen

Nadel

Garn

Wachs (bei Bedarf)

Fingerhut

Stecknadeln

Schere

1a

1b

3

4a

4

So wird's gemacht

1. Das Kleidungsstück anprobieren und den Stoff auf der gewünschten Saumhöhe umschlagen. Das Abstecken sollte eine andere Person übernehmen, damit du selbst gerade stehen kannst. Falls du einen Hosensaum allein abstecken musst, beuge die Beine so wenig wie möglich und stelle dich immer wieder gerade hin, um die Länge und den geraden Verlauf des Saums vor einem Spiegel zu überprüfen.

2. Um einen gleichmäßigen Saum an einem Rock anzuzeichnen, gibt es mehrere Möglichkeiten: Man kann einen Saummarkierer benutzen, der in der gewünschten Höhe eine Linie aus Kreidestaub auf das Kleidungsstück sprüht. Alternativ kann man Schneiderkreide oder einen Marker an einem Zollstock befestigen und damit die Linie auf dem Rock anzeichnen. Möglich ist auch, ein mit Kreide bestäubtes Stück Schnur in der gewünschten Höhe mit Klebeband in einem Türrahmen zu befestigen, so dicht an die Schnur zu treten, dass diese den Rock berührt, und sich dann langsam zu drehen, um eine Linie anzuzeichnen.

3. Wenn das Kleidungsstück nur wenig gekürzt werden soll, kann man einfach den vorhandenen Saum einschlagen und neu festnähen.
   Soll das Kleidungsstück stärker gekürzt werden, muss ein Stück der Länge abgeschnitten werden, damit der neue Saum schön glatt liegt. Die neue Schnittkante muss vor dem Festnähen versäubert werden, beispielsweise indem man einen doppelten Saum arbeitet (Seite 89), wie hier gezeigt. Alternativ kann ein Nahtband in etwas Abstand zur Saumkante auf den Stoff genäht werden, dessen gewebte Kante dann nach dem Einschlagen an der Innenseite des Stoffs festgenäht wird. Diese Methode sieht sauber aus und ergibt einen glatten Saum, nimmt aber mehr Zeit in Anspruch, vor allem wenn von Hand genährt wird.

4. Nach dem Einschlagen den neuen Saum mit einer Methode eigener Wahl auf der Innenseite des Stoffs festnähen. Bei dieser Hose wurde mit Überwendlingsstich gearbeitet (Seite 67), der Hexenstich (Seite 70) ist ebenso gut geeignet. Vom Vorstich oder Rückstich rate ich ab, weil er auf der Außenseite der Hose zu stark zu sehen ist.

5. Falls das Kleidungsstück gefüttert ist, wird der Saum nur am Futter festgenäht, damit die Stiche auf der rechten Seite des Kleidungsstücks gar nicht zu sehen sind. Ist das Kleidungsstück ungefüttert, werden jeweils nur wenige Fäden des Stoffs aufgenommen, damit die Stiche schön unauffällig ausfallen.

Hinweis:

Hier wurde nur zur Veranschaulichung kontrastfarbiges Garn verwendet. Normalerweise wird mit Garn gesäumt, das farblich gut auf den Stoff abgestimmt ist.

Oft ist es auch möglich, einen Saum zu verlängern, da vor allem bei Hosen die Saumzugabe relativ breit ist. Dafür den Saum auftrennen und mit einer geringeren Zugabe wieder festnähen. Die Breite der alten und der neuen Saumzugabe bestimmt, um wie viel sich ein Kleidungsstück verlängern lässt. Es lohnt sich, vor dem Kauf nachzusehen.

Ärmelzwickel einsetzen

Moderne Bekleidung hat relativ große Armausschnitte, weil den Herstellern daran gelegen ist, dass die Standardgrößen möglichst vielen Figurtypen passen. Allerdings entsprechen nicht alle Menschen den Standardmaßen der Konfektionshersteller. Vielleicht hattest du schon einmal eine Bluse oder Jacke, in der du die Arme nicht heben konntest, oder die beim Versuch, die Arme zu heben, hochrutschte? Mit solchen unbequemen Kleidungsstücken muss sich niemand abfinden. Ein Zwickel unter dem Arm ist die Lösung.

Ein Zwickel ist ein kleiner Einsatz aus Stoff, der die Tiefe des Armausschnitts verändert, sodass das Kleidungsstück näher an der Achselhöhle sitzt und beim Tragen mehr Bewegungsfreiheit bietet. Je höher der Punkt, an dem der Ärmel mit dem Körper des Kleidungsstücks verbunden ist, desto höher kann man die Arme heben, ohne die gesamte Bluse oder Jacke hochzuziehen.

(bitte umblättern)

Material

Kleidungsstück zum Ändern

Stecknadeln

Nahttrenner oder Handarbeitsschere

Rest Nesselstoff

Markierwerkzeug (Bleistift, Kreide, Magic Marker)

Schneiderschere

Passender Stoff

Nadel

Garn

Wachs (bei Bedarf)

Fingerhut

Zwickel im Ärmel eines Damen-Unterkleids aus Leinen, Mitte des 19. Jahrhunderts, hergestellt mit Schnitt- und Nähtechniken aus der Mitte des 18. Jahrhunderts.

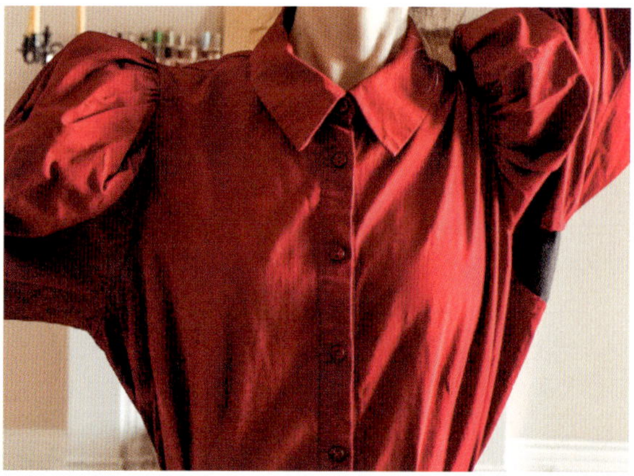

Unterschied in der Bewegungsfreiheit ohne Zwickel (links) und mit Zwickel (rechts)

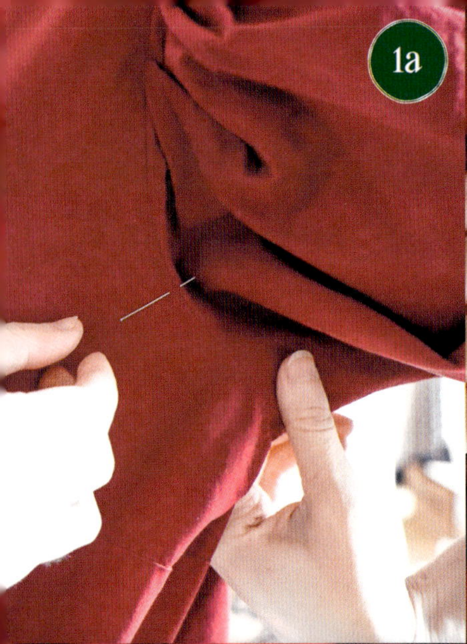
1a

1b
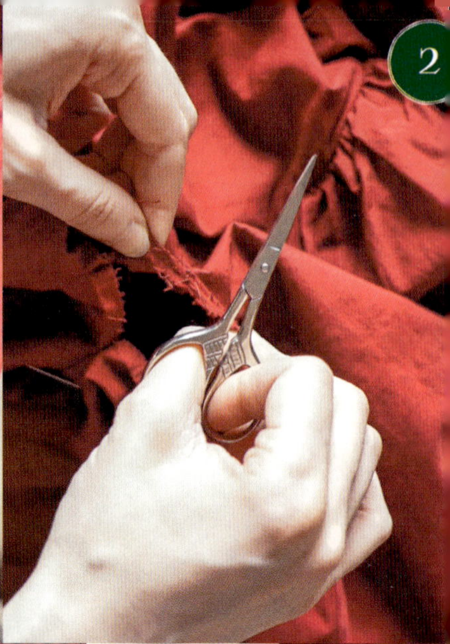
2

3a

3b
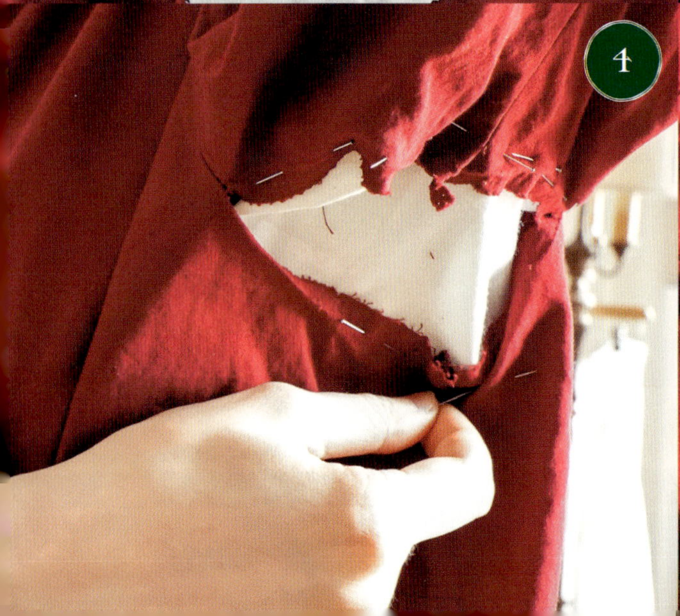
4

6

Ärmelzwickel einsetzen (Fortsetzung)

Schnittmuster anpassen:

Wer ein Kleidungsstück mit einem gekauften oder selbst gezeichneten Schnittmuster komplett neu schneidert, kann den zusätzlichen Platz unter dem Arm direkt einarbeiten und so auf die zusätzliche Naht verzichten. Die Tiefe des Armausschnitts wird durch die Kurve an der Achselspitze des Ärmelmusters bestimmt: Wenn der Ausschnitt sehr klein ist und du häufiger Probleme mit der Bewegungsfreiheit der Arme hast, solltest du die Kurve im Voraus ein wenig begradigen, um ein paar Zentimeter (2,5 bis 5 cm) Stoff zwischen Arm und Körper hinzuzufügen.

Zwei Ärmel-Schnittmuster, links mit angeschnittenem Zwickel, rechts ohne.

So wird's gemacht

1. Das Kleidungsstück anprobieren, um die richtige Position für den Zwickel zu finden, und diese mit Stecknadeln markieren. Diese Punkte sollten im Allgemeinen nicht über die Muskeln hinausgehen, die den Arm mit dem Körper verbinden und die Achselhöhle bilden, damit der Zwickel bei gesenkten Armen nicht sichtbar ist.

2. Mit einem Nahttrenner oder einer Handarbeitsschere vorsichtig die Naht zwischen den Stecknadeln auftrennen, um den Ärmel von Vorder- und Rückenteil zu lösen.

3. Für diesen nächsten Schritt wird ein Stück Nesselstoff oder ein anderer Stoffrest benötigt. Er muss so groß sein, dass er die geöffnete Naht vollständig abdeckt. Den Nessel sorgfältig an der Ärmelkante der geöffneten Naht feststecken und heften.

4. Dieser Schritt ist einfacher, wenn eine zweite Person dabei hilft. Den Arm anheben, um zu sehen, wie viel Abstand zwischen dem Ärmel und dem Vorder- bzw. Rückenteil des Kleidungsstücks benötigt wird. Der an den Ärmel geheftete Nesselstoff sollte die Lücke ausfüllen. Nun die untere Armausschnittkante mit einer Stecknadel am Nesselstoff fixieren. Es macht nichts, wenn der Nessel dabei Wellen wirft. Er wird später geglättet. Hier geht es nur um den Abstand.

5. Am besten den Nessel mit drei Nadeln feststecken: eine an der Seitennaht und je eine seitlich davon. Gerade die seitlichen Nadeln sind allein schwierig zu platzieren. Wenn kein Helfer zur Verfügung steht, kannst du sie auch weglassen.

6. Das Kleidungsstück ausziehen und den Nessel so unter die Öffnung stecken, dass er glatt zwischen Ärmel und Vorder- bzw. Rückenteil liegt.

(bitte umblättern)

Ärmelzwickel einsetzen (Fortsetzung)

7. Die Kontur der neu geschaffenen Lücke auf dem Nessel anzeichnen, dann die Stecknadeln entfernen. Wichtig ist, auf der Nahtlinie zu zeichnen, auf der später genäht wird, und nicht direkt an der Stoffkante.

8. Unbedingt auch Bezugspunkte einzeichnen, um den Zwickel später korrekt einsetzen zu können: die Seitennaht des Kleidungsstücks und die Ärmelnaht auf der Unterseite des Ärmels. Außerdem notieren, welche Kante an den Ärmel und welche an Vorder- und Rückenteil gesetzt wird.

9. Die Stecknadeln entfernen und das Schnittmuster aus dem Nessel ausschneiden. Wer möchte, kann es noch auf Papier übertragen. Das halte ich aber nicht für nötig, weil der Zwickel speziell für ein bestimmtes Kleidungsstück konstruiert wurde und nicht für ein anderes verwendet werden kann.

10. Den Zwickel aus einem Stoff nach Wahl zuschneiden. Dabei die Nahtzugabe hinzufügen, falls sie nicht schon der Schablone hinzugefügt wurde. Alle Markierungen auf den Stoff übertragen. Der Zwickel sollte nun gut passen.

Einfarbige Stoffe sind im Stoffgeschäft in großer Auswahl zu haben, bei gemusterten Stoffen kann es schwieriger sein. Vielleicht hat das Kleidungsstück ein Futter, einen Beleg oder einen innen liegenden Taschenbeutel, von dem man etwas Stoff für die Zwickel »ausleihen« kann? Andernfalls hilft nur, einen möglichst gut passenden Stoff zu verwenden.

Hinweis:

Für dieses Beispiel wurde nur aus Gründen der besseren Sichtbarkeit ein kontrastfarbiger Stoff verwendet.

11. Den zugeschnittenen Zwickel entsprechend den Markierungen an das Kleidungsstück stecken.

12. Den Zwickel von Hand oder mit der Maschine festnähen. Beim Nähen von Hand empfehle ich den Rückstich (Seite 63), weil die Nähte relativ viel Spannung aushalten müssen.

13. Zuletzt können die Kanten der Nahtzugaben versäubert werden. Auch dafür empfehle ich eine strapazierfähige Methode, etwa das Versäubern mit der Overlock, das Einschlagen (Seite 89) oder Einfassen (Seite 84) der Kanten.

7

8

9

10

11

12

13

Taschen

Taschen sind eine tolle Erfindung, aber an modernen Kleidungsstücken leider zu selten zu finden. Zum Glück lässt sich das ändern, und selbst wenn man mit der Hand näht, dauert es kaum mehr als eine Stunde.

Aufgesetzte Taschen

Diese Taschen werden einfach auf den vorhandenen Stoff gesetzt, es muss also keine Naht aufgetrennt werden. Das kann praktisch sein, wenn man den Schnitt des Kleidungsstücks nicht verändern will oder die Tasche später möglicherweise wieder entfernen oder an eine andere Stelle setzen will. Aufgesetzte Taschen können aus passendem oder kontrastierendem Stoff gefertigt werden. Sie können auf der Außenseite des Kleidungsstücks angebracht werden, aber auch auf der Innenseite, um ein »Geheimfach« für Kleingeld, Karten, ein Telefon, eine Uhr oder andere Dinge zu schaffen, die man gern bei sich haben möchte.

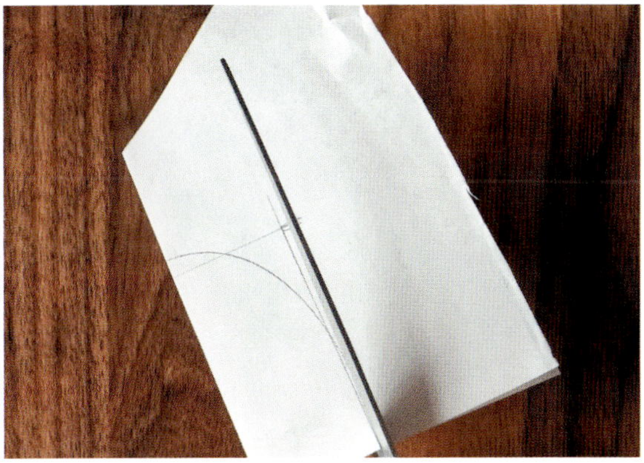

Symmetrie:

Symmetrische Formen gelingen leichter, wenn man nur die Hälfte der Form zeichnet. Ich habe beispielsweise nur die Seitenkante und die halbe untere Rundung meiner Tasche auf doppelt gefaltetes Papier übertragen. Ausschneiden, aufklappen, fertig ist eine perfekt symmetrische Tasche.

Material

Lineal

Kurvenlineal (oder anderes rundes Objekt als Schablone)

Stabiler, dicht gewebter Stoff für die Taschen

Markierwerkzeug (Bleistift, Kreide, Magic Marker)

Stecknadeln

Schneiderschere

Bügeleisen (bei Bedarf)

Nadel

Garn (möglichst stabil)

Wachs (bei Bedarf)

Fingerhut

Nahttrenner oder Handarbeitsschere

Maßband

(bitte umblättern)

So wird's gemacht

1. Zuerst Größe und Form der Tasche festlegen. Sie kann eckig oder rund sein oder auch eine andere Form haben. Wichtig ist nur, dass sie groß genug für den geplanten Inhalt ist.

2. Für gerade Konturen ein Lineal verwenden, für Rundungen ein Kurvenlineal oder einen runden Gegenstand.

3. Soll die Tasche mit einer Klappe versehen werden, die sich zuknöpfen lässt, muss für diese ebenfalls ein Schnittmuster gezeichnet werden – vor allem, wenn der Rand der Klappe dekorativ gestaltet werden soll.

4. Die Taschenteile aus einem Stoff eigener Wahl zuschneiden. Wenn der Taschenstoff nicht stabil genug ist, kann er mit Einlage oder einem festeren Stoff verstärkt werden. Das ist nützlich, damit sich die Tasche durch ihren Inhalt nicht ausbeult. Ein Taschenfutter kann eingenäht werden (muss aber nicht), um die Schnittkanten zu versäubern und die Innenseite der Tasche zu glätten. Dieses Beispiel ist aus einem Seidentaft geschnitten, der stabil genug ist, um eine Uhr oder einige Münzen zu halten.

5. Die Nahtzugaben der Tasche nach links falten und bügeln, damit sie an Ort und Stelle bleiben. Hat die Tasche Rundungen, müssen die Nahtzugaben dort eventuell eingeschnitten werden, damit sie sich sauber umfalten lassen. Dabei müssen die Einschnitte kurz vor der Nahtlinie enden.

6. Jetzt die Tasche an die gewünschte Position legen und feststecken oder -heften.

7. An einer Öffnungskante mit dem Nähen beginnen. Zuerst einige Rückstiche arbeiten (Seite 63), um die Ecke fest mit dem Grundstoff zu verbinden. Gerade die Ecken von Taschen werden stark strapaziert, wenn man Dinge in die Tasche steckt oder herausnimmt, und reißen leicht aus.

8. Die gesamte Kante der Tasche knappkantig von Hand oder mit der Nähmaschine auf dem Grundstoff nähen – nur die Öffnungskante darf nicht festgenäht werden. Innentaschen sollten mit der Hand angenäht werden, damit man die Naht nicht auf der Außenseite des Kleidungsstücks sieht. Wenn jedoch die Innentasche auf das Futter gesetzt werden kann, bevor es in das Kleidungsstück eingenäht wird, kann man die Nähmaschine verwenden.
Die hier gezeigte Tasche aus festem Seidenstoff wurde mit Rückstich mit stabilem Seidengarn an das Jackenfutter genäht. Alternativ wäre auch der Überwendlingsstich geeignet (Seite 67).

9. Am Ende der Naht wieder einige Rückstiche auf der Stelle nähen, um auch die andere obere Taschenecke gut zu verankern.

1
2a
2b
5
6
7
8
9

Nahttaschen

Diese Taschen werden in eine vorhandene Naht gesetzt und sind von außen kaum zu sehen.

So wird's gemacht

(Fotos auf Seite 171 und 172)

1. Zuerst die Position der Tasche festlegen. An Unterteilen (Röcken und Hosen) sollte sie so hoch sitzen, dass man sie leicht mit der Hand erreichen kann. Wer einen weiten Rock schneidert und breitere Hüften hat, sollte die Taschen knapp unter der breitesten Partie der Hüften platzieren – es sei denn, es ist gewünscht, die Hüfte optisch zu verbreitern. Den oberen Rand des Tascheneingriffs an der Seitennaht mit einer Stecknadel markieren.

2. Jetzt wird das Schnittmuster gezeichnet. Das ist nicht schwierig. Natürlich kann man die Umrisse direkt auf den Stoff zeichnen, aber es schadet nichts, ein Schnittmuster aus Papier anzufertigen, das man immer wieder benutzen kann.

3. Zwei Maße werden benötigt. Das erste ist die Breite der Tasche. Sie muss so breit sein, dass die Hand bequem darin Platz findet – lieber noch etwas breiter. Die Öffnungskante muss gerade sein und wird am besten im Fadenlauf zugeschnitten.

(bitte umblättern)

Material

Stecknadeln

Lineal

Kurvenlineal (oder runder Gegenstand als Schablone)

Markierwerkzeug (Bleistift, Kreide, Magic Marker)

Stabiler, dicht gewebter Stoff für die Taschen

Schneiderschere

Nahttrenner oder Handarbeitsschere

Nadel

Garn (stabil)

Wachs (bei Bedarf)

Fingerhut

Bügeleisen

Maßband

Nahttaschen (Fortsetzung)

Die Schere könnte aus einer Tasche dieses Zuschnitts leicht herausfallen.

4. Das zweite Maß ist die Tiefe der Tasche, gemessen von der Öffnung bis zum Grund. Sie muss groß genug sein für alles, was in der Tasche verstaut werden soll. Dinge, die aus einer Nahttasche herausragen, fallen leicht heraus. Im Zweifelsfall die Tasche lieber etwas größer zuschneiden.

5. Wenn das Schnittmuster fertig ist, zwei spiegelbildliche Teile aus einem Stoff eigener Wahl zuschneiden. Die Nahtzugabe zugeben, falls sie nicht im Schnittmuster enthalten ist.

6. Die Stecknadel an der Seitennaht des Kleidungsstücks suchen.

7. Das Kleidungsstück auf links wenden und die Nadel so durch die Naht stecken, dass sie von innen sichtbar ist. Die Länge des Tascheneingriffs messen oder das zugeschnittene Taschenteil so anlegen, dass die Oberseite an der Markierungsnadel beginnt und die Eingriffkante auf der Naht liegt. Das untere Ende des Tascheneingriffs ebenfalls mit einer Stecknadel markieren.

8. Die Naht zwischen den beiden Markierungen vorsichtig auftrennen. Dies wird die Öffnung der Tasche. Die Naht kann ruhig etwa 2,5 cm über die Markierungen hinaus aufgetrennt werden. Dann ist das Einsetzen der Tasche einfacher, und die Naht kann später wieder geschlossen werden.

(bitte umblättern)

1
2
Pocket
3
4
Pocket
5
6
7
8

9a

9b

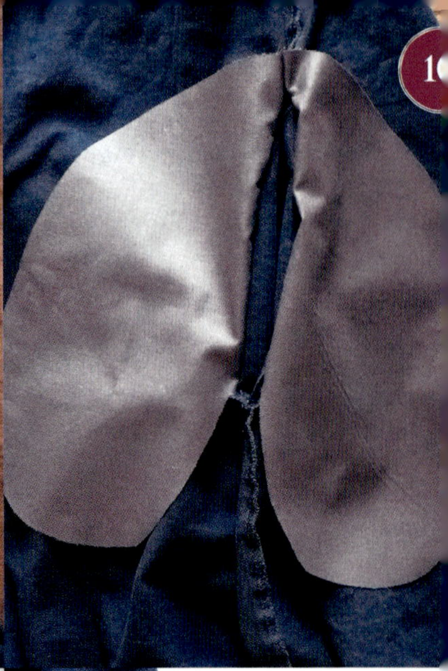

11

12

14

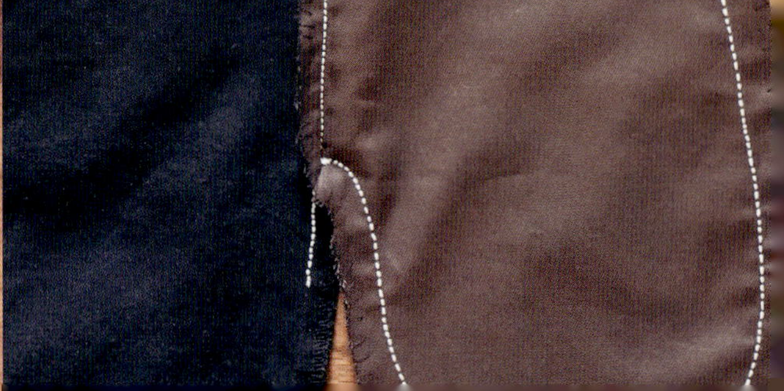

9. Das Kleidungsstück ist weiterhin auf links gedreht. Die Öffnungskante eines Taschenteils bündig an die aufgetrennte Kante des Kleidungsstücks legen. Die »Innenseite« der Tasche (also die Seite, die man berührt, wenn man die Hand in die Tasche steckt) liegt auf der rechten Stoffseite des Kleidungsstücks, sodass die Nahtlinien sichtbar sind und die Schnittkanten später auf der Innenseite des Kleidungsstücks liegen. Entlang der Öffnungskante feststecken.

10. Das andere Taschenteil ebenso feststecken. Darauf achten, dass die Oberkanten beider Taschenteile exakt auf gleicher Höhe liegen. Möglicherweise ist über und unter der Tasche ein kleines Stück der Seitennaht offen. Das ist kein Problem, es wird später zugenäht. Wichtig ist jetzt, dass die Taschenbeutel genau ausgerichtet sind.

11. Die Öffnungskanten beider Taschenteile von Hand oder mit der Maschine an die offenen Seitenkanten des Kleidungsstücks nähen. Für dieses Beispiel wurde der Rückstich (Seite 63) verwendet, den ich empfehle, wenn schwerere Gegenstände in die Tasche gesteckt werden. (Für die Nähte wurde hier nur zur besseren Sichtbarkeit kontrastfarbiges Garn verwendet. Normalerweise würde man farblich passendes Garn wählen, damit die Naht weniger auffällt.)

12. Die beiden Nähte auseinander bügeln.

13. Die Kanten der beiden Taschenbeutel aufeinander ausrichten und entlang der Nahtlinie stecken. Falls im Schnittmuster Knipse eingezeichnet wurden, müssen diese jetzt berücksichtigt werden. Wenn der Stoff fest ist, kann auf Knipse aber verzichtet werden, weil die Tasche recht klein ist.

14. Die Außenkante des Taschenbeutels von Hand oder mit der Maschine zusammennähen. Es ist ratsam, dabei etwas über der Tasche auf der Seitennaht des Kleidungsstücks zu beginnen, dann um den Taschenbeutel herum und zuletzt unter dem Taschenbeuel wieder ein Stück in der Seitennaht zu nähen. Dabei werden auch die Lücken in der Seitennaht geschlossen und die losen Fadenenden der aufgetrennten Seitennaht gesichert.

Für dieses Beispiel wurde wieder der Rückstich gewählt, der aber nur notwendig ist, wenn schwere Dinge in die Tasche gesteckt werden sollen (z. B. Schlüssel oder eine Schere). Schneller geht es, wenn man nur den unteren Teil im Rückstich näht. Für den oberen Teil, der weniger Belastung aushalten muss, genügt der Vorstich (Seite 59) oder der Wechselstich (Seite 65).

15. Wenn das Kleidungsstück häufig gewaschen wird oder der Stoff stark ausfranst, sollten die Nahtzugaben der Tasche nun versäubert werden. Falls der Stoff dicht gewebt oder das Kleidungsstück gefüttert ist, kann darauf verzichtet werden. In unserem Beispiel wurden die Nahtzugaben mit Überwendlingsstich (Seite 83) versäubert. Man könnte auch eine Overlock oder eine Zackenschere verwenden, eine Kappnaht (Seite 89) arbeiten oder die Nahtzugabe einfassen (Seite 84).

Porträt: Embry Whitmore

Mein Name ist Embry. Mein Name und das Nähen traten zur gleichen Zeit in mein Leben: Ich fühlte mich sehr verloren, wartete auf die geschlechtsangleichende Brustverkleinerungsoperation, die wegen COVID-19 verschoben worden war, und hatte das Gefühl, in einer Warteschleife festzustecken.

Ich begann zu nähen, um einen konstruktiven Weg heraus aus diesem Vakuum zu finden. Ursprünglich ging es mir nur darum, Kleidung für meine zukünftig flachere Brust zu schneidern. Aber bald fand ich heraus, dass Nähen viel, viel mehr ist als eine oberflächliche Art und Weise, den eigenen Körper zu bekleiden. Es ist eine Performance. Kreativ war ich schon immer, und als ich erkannte, dass das Nähen von Kleidung nichts anderes ist als Malen oder Schreiben, eröffnete sich mir eine ganz neue Welt.

Besonders faszinieren mich die historischen Kleidungsstücke vergangener Epochen. Die zarten Biesen der viktorianischen Blusen, die glatte und butterweiche Wolle der Reithosen, die Spitzeneinsätze der edwardianischen Zeit, die Struktur einer gut geschnittenen Weste – es ist spannend, solche Dinge nachzuschneidern.

Noch spannender ist, ihnen die eigene Handschrift zu verpassen.

Ich bin nonbinär. Ich kam als Mädchen zur Welt, und das passt nicht zu mir. Aber ich bin auch kein Mann. Ich bin trans, in dem Sinne, dass ich mich ständig transformiere und die Gendergrenzen überschreite. Ich führe ein fließendes und unbestimmbares Gender-Leben, und ich würde es nicht anders haben wollen.

Das bedeutet aber auch, dass die Korsetts und Unterröcke der traditionellen Frauenkleidung nicht zu mir passen – ich fühle mich darin gefangen und eingeengt, genauso wie ich mich in meinem Körper vor der Operation gefangen und eingeengt fühlte. Andererseits passt aber auch die traditionelle Herrenmode mit Hosen und Westen nicht zu mir. Historische Kleidung ist faszinierend und schön und hinreißend, aber sie ist auch auf eine Weise starr geschlechtsspezifisch, die sich für meinen Körper und meine Seele nicht gut anfühlt. Dabei möchte ich betonen, dass nicht jede nonbinäre oder Trans-Person so empfindet.

Also habe ich angefangen, nach Dingen zu suchen, in denen sich mein Körper und meine Seele wohlfühlen, und die auch von historischen Kleidungsstücken inspiriert sind. Das können beispielsweise Hemden aus schöner, zarter Baumwolle mit einem »maskulinen« Schnitt sein, der weder Taille noch Brust betont, aber Ärmel mit schönen Biesen hat. Das kann eine Bluse aus Seide mit bauschigen Ärmeln und Spitzeneinsätzen sein. Eigentlich geht es darum, all die wunderbaren Teile der »männlichen« und der »weiblichen« Kleidung zu etwas Neuem zu verschmelzen und eine neue Möglichkeit zu schaffen, historisch inspirierte Kostüme zu erleben, ohne sich der Geschlechtertrennung zu unterwerfen.

Und vor allem bedeutet es, dass ich mich in den Dingen, die ich mache, wohl fühle.

Ganz allein habe ich angefangen, Kleidung herzustellen, die mir durch eine Übergangsphase in meinem Leben helfen sollten. Dabei habe ich nicht nur viel über das Schneidern gelernt, sondern auch eine wunderbare Gemeinschaft von nonbinären und Transgender-Menschen gefunden, die dasselbe tun. Die Welt ist voll von Menschen, die Dinge herstellen, um sich in ihrem Körper und in ihrer Gemeinschaft wohlzufühlen. Ich habe das Glück, mich jeden Tag zu ihnen zählen zu können.

– Embry Whitmore (dey/denen)

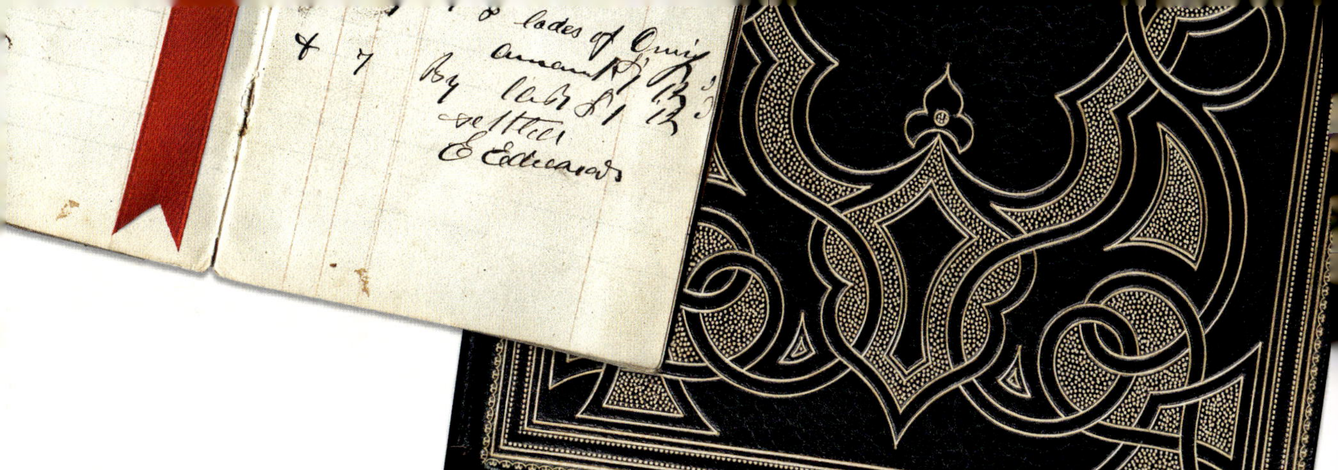

Gute Pflege: Damit Kleidung lange hält

> Menschen, die viel Geld haben und sich nicht um die Reinigung ihrer Kleidung kümmern wollen, können ihre alten Kleidungsstücke entweder verschenken oder wegwerfen, wenn sie schmutzig geworden sind. Aber die meisten Menschen müssen ihre Kleidung behalten, sofern sie nicht zu stark abgenutzt ist. Man spart eine Menge Geld, wenn man weiß, wie man sie zu Hause reinigen und bügeln kann. (*Home and Health*, 1907).[15]

Heute, über 100 Jahre später, liegen die Dinge etwas anders. Man muss nicht steinreich sein, um sich dafür zu entscheiden, beschädigte oder verschmutzte Kleidung wegzuwerfen, anstatt sie zu flicken oder zu reinigen. Kleidung ist im Überfluss vorhanden und meist preiswert. Es ist so bequem, wenn man einfach darauf verzichtet, die Fähigkeiten zu lernen, die für die Erhaltung und Pflege der Kleidung nötig sind. Allerdings zahlen wir dafür einen hohen ethischen und ökologischen Preis.

In den Haushalts- und Nähhandbüchern des späten 19. und frühen 20. Jahrhunderts wimmelt es nur so von Tipps zu Flicktechniken. Diese Arbeitsweisen waren so wichtig, dass sie nicht in einem separaten Kapitel behandelt wurden, sondern zusammen mit den eigentlichen Nähtechniken. Tatsächlich sollte meiner Meinung nach jeder in der Lage sein, kleine Schäden an der Kleidung auszubessern. Wer nähen lernen möchte, sollte darum mit den Grundkenntnissen über die Instandhaltung der bereits vorhandenen Kleidung beginnen.

Vorbeugen

Am besten ist es, Kleidung so gut wie möglich zu pflegen, damit sie gar nicht erst repariert werden muss. Wenn du deine Kleidung regelmäßig auf dünne Stellen oder schwache Nähte überprüfst, kannst du diese Schwachstellen verstärken, bevor sie sich zu Schäden entwickeln. Und das richtige Waschen ist der allererste Schritt, um die Haltbarkeit der Materialien zu erhalten.

Die Waschmaschine ist ganz sicher eine der größten Erfindungen der Menschheit. Heute können wir uns anderen Dingen widmen, während gewaschen wird. Früher konnten sich nur die Reichen leisten, ihre Wäsche außer Haus zu geben. Für alle anderen war der Waschtag eine Plackerei, die im Morgengrauen begann und sich über den größten Teil des Tages hinzog. Schrubben, Auswringen oder Bedienung einer Wäschemangel waren körperlich anstrengende Arbeiten. Zu Essen gab es meist nur kalte Mahlzeiten, da das Feuer zum Erhitzen des Waschwassers benötigt wurde. [16] Gewaschen wurde, wenn es nötig war, aber möglichst auch nur dann.

Seitdem Waschmaschinen uns so viel Zeit und manuelle Arbeit ersparen, haben wir uns angewöhnt, ohne viel Nachdenken alles in die Wäsche zu werfen – unabhängig davon, ob ein Kleidungsstück tatsächlich gewaschen werden muss. Doch darunter leiden die Stoffe. Und der größte Feind von elastischen Fasern ist der Wäschetrockner.

Wenn wir uns dafür entscheiden, ein Kleidungsstück noch ein oder zwei Mal zu tragen, bevor wir es waschen, sind wir oft unschlüssig, was wir mit ihm machen sollen: Es ist nicht schmutzig genug für den Wäschekorb, aber wohl auch nicht sauber genug, um wieder in den Kleiderschrank gelegt zu werden. Also landet es im Auffanglager – dem Stuhl oder Sessel. (Gib es ruhig zu. Ich weiß, dass du auch einen hast.)

Wir wundern uns oft, dass die Menschen in früheren Jahrhunderten so viele Kleidungsschichten trugen. Das hat nichts mit gesellschaftlichen Erwartungen oder Modediktat zu tun, sondern hatte durchaus praktische Gründe. Die sichtbaren Kleidungsstücke, die oft aus edleren Materialien hergestellt waren, wurden vor direkten Kontakt mit dem Körper geschützt. So waren sie weniger anfällig für Verschmutzungen und mussten daher nicht gewaschen werden, sondern nur bei Bedarf punktuell gereinigt oder gelüftet werden. Die Unterwäsche diente als Barriere zwischen dem Körper und den äußeren Kleidungsschichten. Sie wurden meist aus strapazierfähigen Baumwoll- und Leinenstoffen hergestellt, also robusten Pflanzenfasern, die nicht nur häufiges und kräftiges Waschen aushalten, sondern auch von Natur Feuchtigkeit aufnehmen, sodass der Körper während des Tragens sauber und trocken bleibt. Man brauchte also nur die Unterwäsche täglich zu wechseln, um die Oberbekleidung mehrere Tage in der Woche tragen zu können. Das erscheint vielen Menschen heute undenkbar.

Nicht nur aus der Geschichte, sondern auch aus der Welt der Theater- und Filmkostüme können wir lernen, unsere Kleidung zwischen den Wäschen frisch zu halten:

Bühnen- und Filmkleidung besteht oft aus speziellen Stoffen. Ihre Träger tanzen und bewegen sich, schwitzen stark und müssen sie oft stundenlang oder mehrmals täglich tragen. Umso wichtiger, sie schnell wieder aufzufrischen!

Alkohol: Klaren Schnaps (z. B. Wodka) mit einer Zerstäuberflasche auf die Innenseite der Kleidung sprühen, um geruchsbildende Bakterien abzutöten. Die meisten Stoffe vertragen diese Behandlung. Die Flüssigkeit trocknet klar und schnell, nur wenn der Alkohol mit etwas Wasser verdünnt wurde, dauert die Trocknung etwas länger. Auf Seide kann Alkohol in verdünnter und unverdünnter Form allerdings Flecken hinterlassen.

Lüften: Werden Kleidungsstücke auf links gedreht und zum Lüften aufgehängt, trocknen sie schnell und Gerüche verschwinden. Am besten hängt man sie ins Freie oder vor einen Ventilator. Noch besser ist es, sie in die Sonne zu hängen, denn die UV-Strahlen der Sonne wirken keimtötend.

Herausnehmbares Futter: In Anlehnung an historische Kleidung haben auch Film- und Bühnenkostüme manchmal nicht waschbare Außenlagen, die nicht mit dem Körper in Berührung kommen, und waschbare Innenlagen, die mit Druckknöpfen, Bändern oder großen Handstichen befestigt sind und zum Waschen herausgenommen werden können. Das Ankleiden geht dadurch schneller, weil der Darsteller nur ein Kleidungsstück überstreifen muss, anstatt mehrere Lagen von Unterwäsche und Oberkleidung.

Abnehmbare Schweißblätter (oder Achsel-Pads) kann man fertig kaufen oder sehr leicht selbst herstellen. Sie schützen den Achselbereich vor Hautkontakt und Schweißflecken und können bei Bedarf ausgetauscht und gewaschen werden, während das Kleidungsstück selbst über mehrere Tragezyklen hinweg sauber bleibt.

Auch das Waschen von Hand ist eine hervorragende Alternative zur Waschmaschine. Viele Waschmaschinen verfügen heute über Schonprogramme, die weniger strapaziös für die Wäsche sind. Wenn die Maschine nicht voll ist, kann man aber problemlos auch einmal ein Teil von Hand waschen. Auf den Trockner sollte man jedoch nach Möglichkeit verzichten: Das Trocknen an der Luft verlängert die Lebensdauer der Kleidungsstücke erheblich, vor allem, wenn sie elastische Fasern enthalten.

Und die Schuhe?

Die Schuhmacherei ist ein anspruchsvoller Handwerksberuf, für den spezielle Werkzeuge erforderlich sind, und auch Schuhreparaturen können die meisten Laien nicht selbst ausführen. Anders steht es um die Schuhpflege, über die wir uns viel zu selten Gedanken machen. Es ist gar nicht so leicht, ein hochwertiges Paar Schuhe restlos zu ruinieren, und selbst billige Schuhe kann ein guter Schuster oft noch retten. Sohlen können ersetzt und neu befestigt werden, Kratzer können ausgebessert werden. Es lohnt sich also, einen Schuster in deiner Nähe zu finden, der sich um deine Schuhe kümmert, wenn sie ein bisschen professionelle Zuwendung brauchen.

Qualitativ hochwertige Lederschuhe halten dir jahrzehntelang die Treue, sind strapazierfähig und lassen sich gut reparieren. Kunstleder ist längst nicht so haltbar und nutzt sich schneller ab. Und da Kunstlederschuhe meist recht wenig kosten, neigen wir zu dem Gedanken, dass sich eine umfangreichere Reparatur schon aus Kostengründen nicht lohnt. Also werden wir dazu verführt, die alten Schuhe wegzuwerfen und ein neues Paar zu kaufen.

Reparieren

Selbst bei sorgfältiger Pflege kommt es vor, dass gelegentlich Reparaturen notwendig sind. Knöpfe lösen sich, Stoffe reißen ein oder verschleißen einfach durch die tägliche Beanspruchung.

Zum Glück lassen sich die allermeisten Schäden reparieren – es sei denn, dein Kleidungsstück ist verbrannt oder auf andere Weise völlig zerstört worden.

Stopfen

Haushaltsexpertin Agnes Walker schrieb im Jahr 1907 in einem Kapitel über das Stopfen: »Warte nie, bis ein Loch entsteht.«[17] Das Stopfen ist allgemein bekannt als Methode, Löcher zu reparieren. Es eignet sich aber auch als vorbeugende Maßnahme, um einen abgenutzten Bereich eines Kleidungsstücks zu verstärken, bevor er ganz durchgescheuert ist.

Material

Kleidungsstück zum Stopfen

Stopfpilz oder Stopfei (Kurzwarenhandel) oder glatter, gerundeter Gegenstand (z. B. Tasse, Glühbirne, notfalls eine Computermaus)

Stopfnadel (oder beliebige Nadel mit einem Öhr, das groß genug für das Garn ist)

Stopfgarn (am besten aus Wolle)

So wird's gemacht

1. Den Stopfpilz (oder einen anderen glatten Gegenstand) direkt unter die schadhafte Stelle legen.

2. Mit dem Garn an einer unbeschädigten Stelle neben dem Loch oder der abgenutzten Stelle von innen nach außen stechen, sodass das Garnende innen liegt. Gestopft wird über den schadhaften Bereich hinaus, damit die Belastungspunkte der reparierten Stelle immer auf festem Material liegen.

3. Mit Vorstich (Seite 59) von unten nach oben über die schadhafte Stelle nähen, bis wieder festes Material auf der anderen Seite erreicht ist.

4. Wenden, dabei eine kleine Garnschlaufe stehen lassen, und im Vorstich dicht neben der vorherigen Vorstichreihe wieder zurück nähen. Die kleine Schlaufe an der Wendestelle ist besonders wichtig, wenn die Reparatur in einem dehnbaren Material wie Strick oder mit Garn aus reiner Wolle vorgenommen wird. So kann die Stopfstelle etwas nachgeben und wird auch nicht zu klein, wenn das Wollgarn einläuft. Eine zu kleine Stopfstelle übt eine Zugbelastung aus und kann zu neuen Schäden führen.

(bitte umblättern)

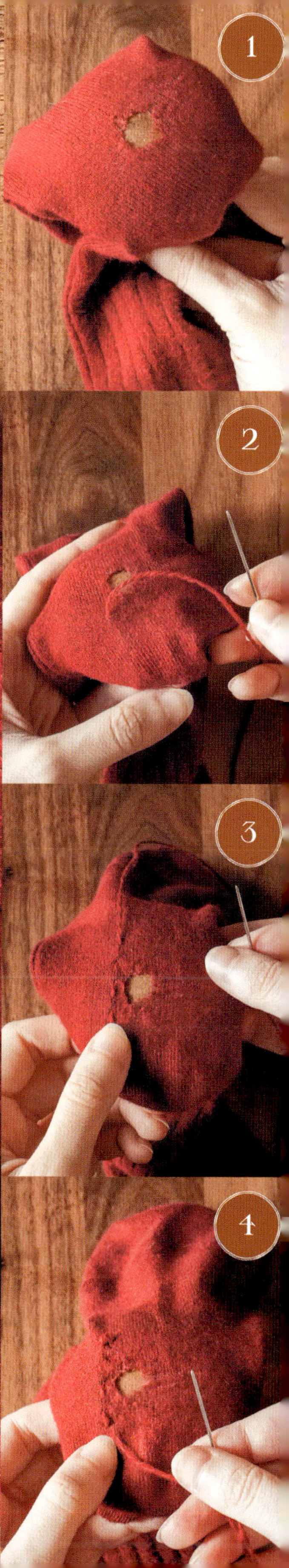
1
2
3
4

6

7

8

9

10

11

Stopfen (Fortsetzung)

5. Wichtig ist außerdem, die Wendeposition von Reihe zu Reihe zu variieren. Die Stiche sollen kein perfektes Viereck bilden, sondern eher einen Kreis, ein Oval oder eine unregelmäßige Fläche. Das ist wichtig, damit die Belastung durch die Stopfgarnfäden auf mehrere Fäden des Grundmaterials verteilt ist.

6. Weitere Vorstichreihen arbeiten und beim Wenden die kleinen Schlaufen nicht vergessen. Falls ein Loch vorhanden ist, einfach die Fäden über diesen Bereich führen und die Stiche auf der anderen Seite fortsetzen. Nicht an den Fäden ziehen, um das Loch zu schließen!

7. Mit senkrechten Stichreihen fortfahren, bis die gesamte schadhafte Stelle abgedeckt ist und auf der anderen Seite wieder unversehrtes Material erreicht ist.

8. Nun waagerechte Reihen von Vorstichen über die Fläche arbeiten. Wieder im unversehrten Bereich beginnen und die Stiche auch seitlich über die schadhafte Stelle hinaus fortsetzen. Die Schlaufen beim Wenden nicht vergessen.

9. Im Bereich des Lochs die Stiche abwechselnd über und unter die senkrechten Fäden führen, sodass eine Art Gewebe entsteht. In diesem Bereich sollten die Fäden möglichst dicht liegen, damit sie beim Tragen und Waschen verfilzen. Dadurch wird die Stopfstelle noch stabiler.

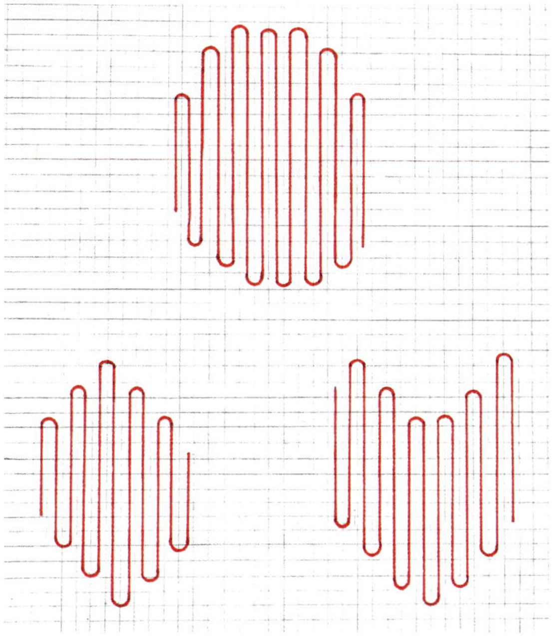

Stopfmuster nach einer Zeichnung aus Walkers Handbuch von 1907

Tipp:

Falls das Garn zur Neige geht, die Reihe beenden und die nächste Reihe mit einem neuen Faden beginnen.

10. Den gesamten schadhaften Bereich auf diese Weise mit waagerechten Stichreihen abdecken.

11. Wenn das Kleidungsstück elastisch ist, kann es jetzt leicht gedehnt werden. Dabei verschwinden einige der Wendeschlaufen. Die übrigen verschwinden, wenn die Wolle beim Waschen einläuft.

Flicken

Wenn Stoff ein großes Loch hat oder an einer Stelle reißt, an der keine Naht vorhanden ist, muss eventuell ein Flicken angebracht werden. Wer seine Kleidung selbst näht, sollte für diesen Zweck einige Stoffreste aufbewahren. Andernfalls muss ein Stoff verwendet werden, der möglichst gut zu dem Kleidungsstück passt.

Material

Stoffrest, passend zum Kleidungsstück, groß genug, um das Loch abzudecken

Schere

Bügeleisen

Nadel

Garn

Wachs (bei Bedarf)

Fingerhut

Stecknadeln

Tipp:

Manchmal kann man Stoff zum Flicken von einer anderen Stelle des Kleidungsstücks stibitzen. Vielleicht hat es ein Futter oder einen innen liegenden Beleg, vielleicht hast du es auch einmal gekürzt und den abgeschnittenen Stoff aufbewahrt. Wer es ganz perfekt machen will, setzt den Flicken bei gemusterten Stoffen so ein, dass das Muster nicht unterbrochen wird. Hinweis: Wenn der Stoff für den Flicken ganz neu ist, sollte er vor der Verarbeitung ein- oder zweimal gewaschen werden, andernfalls kann der Flicken nach dem Aufnähen einlaufen und sich hässlich verziehen.

So wird's gemacht

1. Einen Flicken zuschneiden, der die schadhafte Stelle großzügig abdeckt. Etwas Nahtzugabe berücksichtigen.

2. Die Kanten des Flickens nach links umbügeln. Dann den Flicken an der schadhaften Stelle auf die rechte Stoffseite legen und feststecken.

3. Die Kanten ringsherum heften (Seite 60), damit der Flicken nicht verrutscht.

4. Die Kanten des Flickens ringsherum mit Überwendlingsstichen (Seite 67) festnähen. Hier wurde der besseren Sichtbarkeit kontrastfarbiges Garn verwendet. Normalerweise würde man mit farblich passendem Garn arbeiten.

5. Wenn der Flicken ringsherum aufgenäht ist, die Heftfäden entfernen.

6. Das Kleidungsstück wenden und den Stoff unter dem Flicken kreuzweise einschneiden – aber nicht bis an die Naht.

7. Möglicherweise müssen die Kanten des unteren Stoffs etwas zurückgeschnitten werden. Breitere Kanten ergeben eine dickere und auffälligere Naht. Schmale Kanten ergeben eine feinere Naht, sind aber mühsamer zu nähen.

8. Die Schnittkanten einschlagen und festheften. (Notfalls nur stecken. Das erhöht aber die Gefahr der Wellenbildung.)

9. Die Kanten mit Überwendlingsstichen festnähen, dann die Heftfäden herausziehen. Den fertigen Flicken bügeln.

1
2
3
4
5
6
7
8
9

1
2a
2b

Knöpfe ersetzen

Dies ist wahrscheinlich eine der häufigsten Reparaturen, und fast jeder dürfte schon mit losen oder verlorenen Knöpfen zu tun gehabt haben. Obwohl Knöpfe stark beansprucht werden, sind sie bei gekauften Kleidungsstücken oft sehr locker angenäht. Ich habe bei manchen Blusen die Knöpfe schon vor dem ersten Tragen vorsichtshalber nachgenäht, um sie nicht zu verlieren.

Flache Knöpfe

Flache Knöpfe findet man an vielen alltäglichen Kleidungsstücken. Sie lassen sich glücklicherweise schnell und einfach annähen. Es gibt flache Knöpfe mit zwei und mit vier Löchern. In diesem Beispiel wird das Annähen eines Vierloch-Knopfs erklärt, um den zusätzlichen Schritt zu veranschaulichen, der für das zweite Lochpaar erforderlich ist.

Material

Nadel

Garn (am besten stabiles Knopflochgarn)

Wachs (bei Bedarf)

Fingerhut

Knöpfe eigener Wahl

Schere

So wird's gemacht

1. Einen stabilen Faden doppelt nehmen und auf der Rückseite des Kleidungsstücks an der Position des Knopfs sichern (Seite 54). Falls möglich, das Fadenende zwischen zwei Stofflagen verstecken.

2. Den Knopf auf der rechten Stoffseite an seine Position halten und so drehen, dass die Löcher waagerecht bzw. senkrecht liegen. Mit der Nadel durch ein Loch nach oben stechen. Es spielt keine Rolle, mit welchem Loch du beginnst und ob du von links nach rechts oder von oben nach unten nähst. Allerdings sollte die Anordnung der Stiche bei allen Knöpfen gleich sein.

(bitte umblättern)

Flache Knöpfe (Fortsetzung)

3. Im Beispiel wird der Stich waagerecht von links nach rechts gearbeitet, also wird durch das obere rechte Loch zur linken Stoffseite durchgestochen. Den Faden nicht zu fest ziehen. Zwischen Stoff und Knopf sollten etwa 1–2 mm Luft bleiben.

4. Drei oder vier weitere Stiche durch das erste Lochpaar nähen, dabei den Faden gleichmäßig und nicht zu fest anziehen.

5. Nun die gleiche Anzahl von Stichen durch das zweite Lochpaar nähen. Dieser Schritt entfällt selbstverständlich, wenn der Knopf nur zwei Löcher hat.

6. Nach dem letzten Stich mit der Nadel nochmals zur rechten Stoffseite stechen, aber nicht durch eins der Löcher. Die Nadel kommt unter dem Knopf heraus.

7. Das Garn mehrmals um die Fäden zwischen Stoff und Knopf wickeln, sodass ein kleiner »Stiel« entsteht. Er sorgt dafür, dass der Stoff des anderen Teils genug Platz unter dem Knopf hat. Zuletzt den Faden auf der linken Stoffseite vernähen.

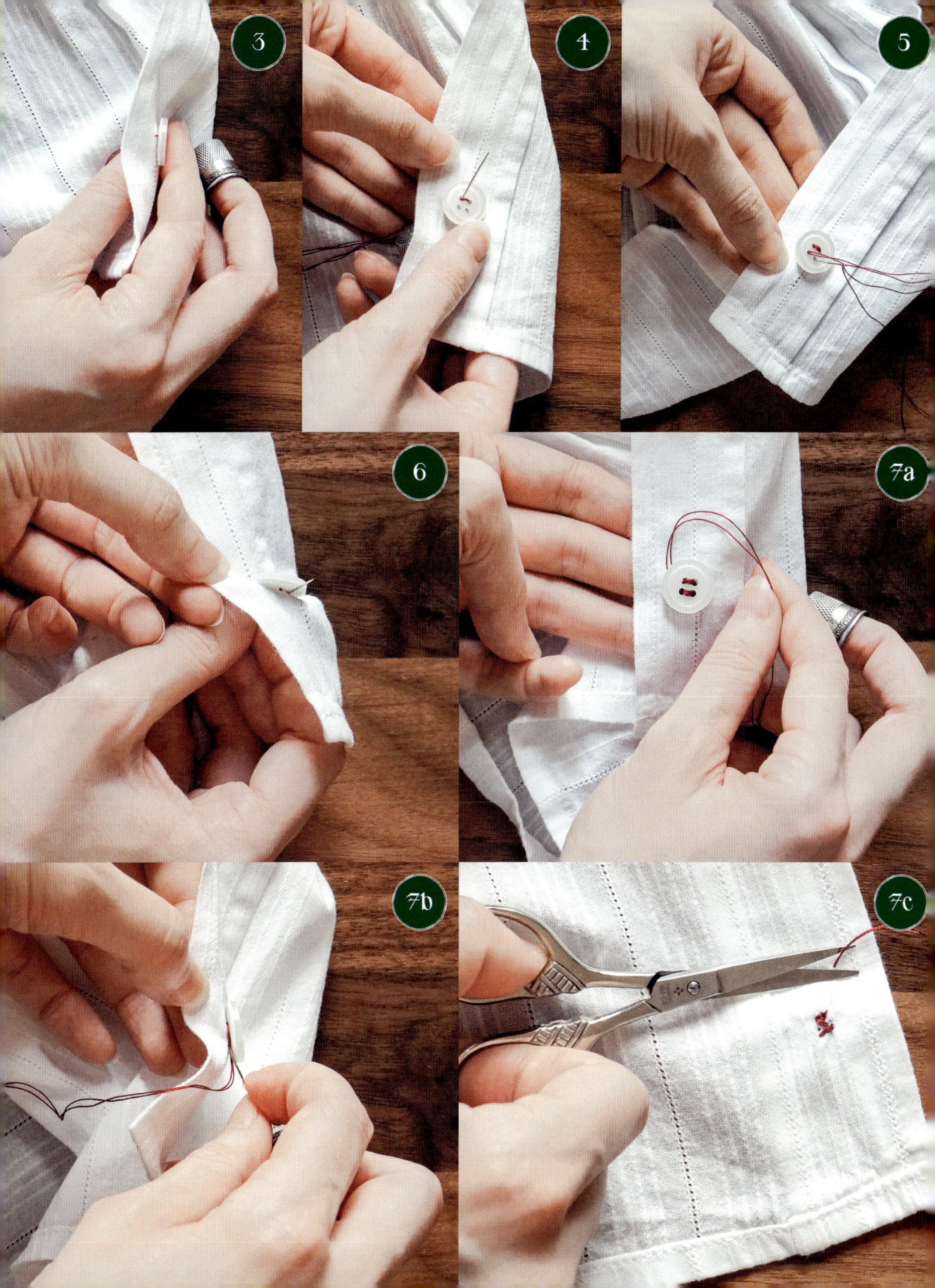

3
4
5
6
7a
7b
7c

1

2a

2b

2c

Knöpfe mit Öse

Manche Knöpfe haben eine kleine Öse auf der Rückseite, die Platz für den Stoff der anderen Verschlussseite schafft. Sie werden etwas anders angenäht.

Material

Nadel

Garn (am besten Knopflochgarn)

Wachs (bei Bedarf)

Fingerhut

Knöpfe eigener Wahl

Schere

So wird's gemacht

1. Einen stabilen Faden doppelt nehmen und auf der Rückseite des Kleidungsstücks an der Position des Knopfs sichern (Seite 54). Falls möglich, das Fadenende zwischen zwei Stofflagen verstecken.

2. Den Knopf an seine Position legen. Mit der Nadel durch den Stoff und die Öse des Knopfs stechen.

3. Wieder zur linken Stoffseite durchstehen – schon jetzt kann der Knopf nicht mehr verrutschen. Diesen Vorgang mehrmals wiederholen, bis der Knopf fest sitzt.

4. Den Faden auf der linken Stoffseite mit einem Knoten oder einem Rückstich (Seite 63) sichern und das Fadenende möglichst zwischen zwei Stofflagen verstecken.

Schlusswort

Wir fragen uns oft, was wir wirklich tun können, um der Fast Fashion-Welle etwas entgegenzusetzen. Wie können wir als Einzelpersonen mit begrenzter Macht und begrenzten Mitteln Einfluss auf eine so mächtige globale Industrie nehmen? Erstens kann sich natürlich jede:r sich im privaten Bereich Mühe geben, aber niemand von uns kann die Welt im Alleingang retten. Es ist zwar richtig, die für uns machbaren Strategien im Kampf gegen Fast Fashion zu ergreifen, weil wir gemeinsam etwas bewirken können. Aber wir sollten uns nicht unter Druck setzen, indem wir unrealistische Schritte ins Auge fassen. Zweitens sollte man wissen, dass manche Anti-Fast-Fashion-Lösungen den eigenen Lebensstil erheblich verteuern können. Die wirksamste Strategie gegen Fast Fashion hilft allerdings, Geld zu sparen. Sicherlich ist es ein Beitrag, sich seine Garderobe schneidern zu lassen, nur ist dieser Weg für die meisten von uns nicht erschwinglich. Aber wir alle können gebraucht kaufen, mit Freunden tauschen, upcyceln und vorhandene Kleidung ausbessern. All das reduziert unseren Verbrauch an neuen Materialien immens und signalisiert den Massenherstellern, dass ihre Überproduktion nicht erwünscht ist.

Wir sollten auch einmal den Begriff »Konsum« im Zusammenhang mit Kleidung hinterfragen. Es gibt Produkte, die zum Konsumieren gedacht sind, beispielsweise Lebensmittel, Getränke oder Seife. Kleidung ist ein Gebrauchs- aber kein Verbrauchsartikel. Was wir gebrauchen möchten, sollten wir bewahren. Sobald ein Kleidungsstück in unser Leben tritt, übernehmen wir die Verantwortung – auch dafür, es in seinen nächsten Lebensabschnitt zu begleiten, wenn wir keinen Bedarf mehr dafür haben. Ob wir es nun verkaufen oder an den nächsten »Bewahrer« weitergeben, wie wir es mit Antiquitäten tun, oder ob wir es in etwas anderes umwandeln, das wieder verwendet werden kann: Es ist keine niedere Aufgabe, Verantwortung für Gegenstände zu übernehmen, die wir nutzen, weitergeben oder umfunktionieren können.

Aber sorgfältiger Umgang mit der eigenen Garderobe hat noch einen anderen Nutzen. Unabhängig von der aktuellen »Mode« ist die Kleidung das, was die Welt zuerst von uns sieht – der erste Eindruck, für den es keine zweite Chance gibt. Mit deiner Kleidung kannst du ein klareres Bild von dir selbst zeichnen und der Welt zeigen, was dir wichtig ist. Wahrscheinlich wirst du dadurch Menschen anziehen, die deine ganz besondere Art der Verrücktheit verstehen und sich vielleicht darin auch selbst erkennen. Und das bewirkt doch unterm Strich, dass wir uns alle weniger verbiegen müssen.

In diesem Sinne: Mach dein Ding!

Glossar

Armausschnitt Ausschnitt an Vorder- und Rückenteil eines Oberteils, in den ein Ärmel eingesetzt werden kann

Biesen Kleine Fältchen, meist als Dekoration eines Kleidungsstücks (siehe Seite 145)

Fadenlauf Die Laufrichtung der Gewebefäden in einem Stoff

Flor Kurse Fasern, die aufrecht auf der Stoffoberfläche stehen, z. B. bei Samt und Velours

Genähter Riegel Spannfäden, die mit Knopflochstichen umnäht werden, z. B. als Gürtelschlaufen, für Verschlüsse mit Haken oder zur Verstärkung stark beanspruchter Teile eines Kleidungsstücks (siehe Seite 124)

Gerader Fadenlauf Die Laufrichtung der Gewebefäden parallel zu den Webkanten

Halber Rückstich Eine Sonderform des Rückstichs, bei dem der rückwärtige Stich nur den halben Abstand zum vorherigen Stich einnimmt (siehe Seite 64)

Hexenstich Kleine Rückstiche, die in einem Arbeitsgang versetzt in zwei parallelen Reihen gearbeitet werden, sodass Fadenkreuzungen entstehen (siehe Seite 70)

Kettfäden Die Fäden eines Gewebes, die in Längsrichtung verlaufen, also parallel zu en Webkanten

Knopflochstich Ein Stich, der in der Regel entlang der Kante des Stoffes gearbeitet wird. Er bildet Knötchen, die die Stoffkante vor Belastung durch Reibung schützen (siehe Seite 103)

Köper Eine spezielle Bindung, durch die der Stoff eine Struktur mit schrägen Streifen erhält

Nessel Ungebleichter Baumwollstoff, der relativ preiswert ist und darum gern zum Schneidern von Probemodellen verwendet wird

Querfadenlauf Die Laufrichtung der Gewebefäden von einer Webkante zur anderen

Rückstich Ein Stich für stabile Nähte, bei dem abwechselnd vorwärts und rückwärts eingestochen wird (siehe Seite 63)

Schräger Fadenlauf Der Winkel von 45° zum geraden Fadenlauf. Im schrägen Fadenlauf geschnittene Stoffkanten sind meist leicht dehnbar

Schussfäden Die Fäden eines Gewebes, die in Querrichtung verlaufen, also von Webkante zu Webkante

Smoken Technik, um Stoffe mit einem dekorativen, flächigen Muster zusammenzuraffen. Kleidung aus unelastischem Stoff kann dadurch eine gewisse Dehnbarkeit erhalten (siehe Seite 149)

Überwendlingsstich Ein Stich, bei dem die Nadel in einer spiralförmigen Bewegung geführt wird (siehe Seite 67)

Vorstich Der einfachste Nähstich, bei dem die Nadel in einer Richtung fortlaufen abwärts und aufwärts durch den Stoff sticht (siehe Seite 59)

Wechselstich Eine Kombination aus zwei Vorstichen und einem Rückstich, die im Wechsel gearbeitet werden. Stabiler als der Vorstich und schneller zu nähen als der Rückstich (siehe Seite 65)

Endnoten

1 Iman Ghosh, A Global Breakdown of Greenhouse Gas Emissions by Sector, Visual Capitalist, veröffentlicht am 6. November 2020, https://www.visualcapitalist.com/a-global-breakdown-ofgreenhouse-gas-emissions-by-sector/.

2 Laura I. Baldt, *Lippincott's Home Manuals: Clothing for Women: Selection, Design and Construction* (Philadelphia and London, J. B. Lippincott Company, 1916), 8.

3 Auswahl von Büchern zum Thema Weben: G. H. Oelsner, Handbook of Weaves (Garden City, NY: Dover Publications, 2011); Amanda Johnston, Fabric for Fashion: The Complete Guide und Fabric for Fashion: the Swatch Book (London: Laurence King Publishing, 2014); Irene Emery, *The Primary Structures of Fabrics: An Illustrated Classification* (New York: Thames & Hudson, 2009).

4 Ein Beispiel von ca. 1760–1785 ist auf Seite 89–91 von Patterns of Fashion 5 zu sehen. Janet Arnold, Jenny Tiramani, Luca Costigliolo, Sébastien Passot, Armelle Lucas und Johannes Pietsch, *Patterns of Fashion 5: The Content, Cut Construction and Context of Bodies, Stays, Hoops and Rumps c. 1595–1795* (London: School of Historical Dress, 2018).

5 Beispiele sind historische Seidenstoffe im Metropolitan Museum of Art: 62.[13]6.[1] (1748, 49,5 cm) und 2004.[41]5 (1752, 48,5 cm). Zahlreiche weitere Beispiele für Seide in schmaler Webbreite in Natalie Rothstein, *The Victoria & Albert Museum's Textile Collection: Woven Textile Design in Britain from 1750 to 1850* (London: Canopy Books, 1994). Ein 39 cm breites Beispiel ist auf Seite 14 zu finden. Siehe auch Natalie Rothstein, Dutch Silks – An Important but Forgotten Industry of the 18th Century or a Hypothesis? *Oud Holland* 79, no. 3 (1964): 152–71, abgerufen am 30. Juli 2021, http://www.jstor.org/stable/42712157, dort mehrere Beispiele für niederländische Seide in Breiten von 42,5–44,5 cm.

6 Baldt, 12–13, enthält eine Liste mit Vorschlägen für die Garderobe der berufstätigen Frau, mit Hinweisen, wie viele Teile sie anschaffen sollte und ob diese selbstgemacht oder von der Stange sein sollten. So sind beispielsweise insgesamt 22 Oberteile (einschließlich Korsetts, Blusen und Hemden), 3 Röcke und 6 Tageskleider über einen Zeitraum von drei Jahren anzuschaffen – und das im Zeitalter der Konfektionskleidung. In früheren Jahrzehnten, insbesondere vor der Einführung der Nähmaschine in den 1850er Jahren, war der Umfang der Garderobe meist noch geringer.

7 Ein großer Teil des heutigen Nähunterrichts befasst sich mit der Frage, was »gut« und was »schlecht« ist, mit der »richtigen« und der »falschen« Art zu nähen. Spezifische Maße für Garnlängen beim Nähen mit der Hand sind ein Thema, das heute recht umstritten ist. In diesem Zusammenhang verweise ich auf die Dokumentation von Schneidern und professionellen Nähern, die über Jahrhunderte hinweg mit »zu langen« Fäden genäht haben (siehe z. B. *Die Hausbücher der Nürnberger Zwölfbrüderstiftungen,* Landauer I, 1511, Amb.[27]9.[2] Folio 83 recto, https://www-nuernberger--hausbuecher-de.

Meine Meinung dazu: Solange ein gutes Ergebnis herauskommt, ist jede Arbeitsweise legitim.

8 Bertha Banner (1898) empfiehlt »zwei Fäden aufnehmen und zwei Fäden zu überspringen«. Das mag allerdings nicht auf Stoffen aller Art umzusetzen sein.

Agnes Walker (1907) andererseits lehnt allzu feine Stiche ab, weil sie meint, dass dadurch die Augen ihrer Nähschülerinnen zu stark strapaziert würden. Im Grunde ist es nicht so wichtig, wie viele Gewebefäden aufgenommen und übersprungen werden oder ob die Stiche groß oder klein sind – solange sie nur schön gleichmäßig aussehen. Bertha Banner, Household Sewing with Home Dressmaking (London: Longmans, Green and Co., 1898), 5–6. Agnes Walker, *Manual of Needlework and Cutting Out: Specifically Adapted for Teachers of Sewing, Students, and Pupil-Teachers,* 5th ed. (London: Blackie & Son Limited, 1907), 35.

9 Banner, 6–7.

10 “Dressmaking Up to Date.” New York: The Butterick Publishing Company, 1905. 4.

11 Banner, 64.

12 Ein Beispiel ist ein Mieder von ca. 1665, abgebildet in Arnold, *Patterns of Fashion 5*, 13, Abb. 13.[6]–13.[8].

13 Agnes Walker, *Manual of Needlework and Cutting Out: Specifically Adapted for Teachers of Sewing, Students, and Pupil-Teachers,* 159.

14 Banner, 25.

15 A Competent Committee of Home Makers and Physicians, *Home and Health … Household Manual Containing Two Thousand Recipes and Helpful Suggestions on the Building and Care of the Home in Harmony with Sanitary Laws; The Preservation of Health by Clean, Consistent Living; and the Home Treatment of the More Simple Ailments and Diseases, by the Use of Natural, Rational Remedies Instead of Drugs* (California: Pacific Press Publishing Co., 1907), 167.

16 Ruth Goodman, How to be a Victorian (London: Penguin, 2014). 255.

17 Walker, 38.

Bibliographie

A Competent Committee of Home-Makers and Physicians. *Home and Health… A Household Manual Containing Two Thousand Recipes and Helpful Suggestions on the Building and Care of the Home in Harmony With Sanitary Laws; The Preservation of Health by Clean, Consistent Living; and the Home Treatment of the More Simple Ailments and Diseases, by the Use of Natural, Rational Remedies Instead of Drugs.* California: Pacific Press Publishing Co., 1907.

A Lady. *The Workwoman's Guide: Containing Instructions to the Inexperienced in Cutting Out and Completing Those Articles of Wearing Apparel, &c., which are Usually Made at Home: Also, Explanations on Upholstery, Straw-platting, Bonnet-making, Knitting, &c.* London: Simpkin, Marshall and Co., 1838.

Arnold, Janet, Jenny Tiramani, Luca Costigliolo, Sébastien Passot, Lucas Armelle and Johannes Pietsch. *Patterns of Fashion 5: The Content, Cut Construction, and Context of Bodies, Stays, Hoops and Rumps c. 1595–1795.* London: School of Historical Dress, 2018.

Baldt, Laura I. *Lippincott's Home Manuals: Clothing for Women: Selection, Design and Construction.* Philadelphia & London: J. B. Lippincott Company, 1916.

Banner, Bertha. *Household Sewing with Home Dressmaking.* London: Longmans, Green and Co., 1898.

Goodman, Ruth. *How to be a Victorian.* London: Penguin, 2014.

Newton's London Journal of Arts and Sciences. UK: W. Newton, 1824.

Rothstein, Natalie. "Dutch Silks—An Important but Forgotten Industry of the 18th Century or a Hypothesis?" *Oud Holland* 79, no. 3 (1964): 152–71. Accessed July 30, 2021. http://www.jstor.org/stable/42712157.

Rothstein, Natalie. *The Victoria & Albert Museum's Textile Collection: Woven Textile Design in Britain from 1750 to 1850.* UK: Canopy Books, 1994.

Waugh, Norah. *Corsets and Crinolines.* New York: Theatre Arts Books, 1981.

Walker, Agnes. *Manual of Needlework and Cutting Out: Specifically Adapted for Teachers of Sewing, Students, and Pupil-Teachers,* 5th ed. London: Blackie & Son Limited, 1907.

Dank

Vielen Dank an all die wunderbaren Menschen bei Page Street, durch die dieses Buch erst entstehen konnte, insbesondere an die Redakteurin Tamara Grasty und die Lektorin Iris Bass, die dafür gesorgt haben, dass dieses Buch lesbar ist und nicht von Begriffen aus dem 18. Jahrhundert wimmelt. An Zoey Duncan für die fachkundige Beratung: Es hat sich herausgestellt, dass die Planung eines Buches nicht mit der Planung eines YouTube-Videos zu vergleichen ist. An Amy Betts für die großartige Mitwirkung bei der Fotografie und an meine große Schwester Abby Cox für die dringend benötigte moralische Unterstützung.

Besonderer Dank gebührt den Personen, deren Porträts wir vorstellen durften: Dandy Wellington (IG: @dandywellington, YT: Dandy Wellington), Yang Cheon Shik (IG: @yang_cheon_shik, YT: Cheon-Shik Yang 천식 양), Claudia Vogt (IG: @retroclaude, YT: Retro Claude), Sophia Khan (IG: @Sophia_Khan, www.romancingthesewn.com), and Embry Whitmore (IG: @bequeermakestuff, YT: Be Queer, Make Stuff), die mir (und hoffentlich meinen Leser:innen) mit ihrer Einstellung und ihrem Stil so viel Inspiration schenken. Folgt ihnen auf allen Plattformen, ihr werdet es nicht bereuen.

Ein ganz besonderer Dank geht an das Mighty Beta Reader Team, das die ersten Entwürfe dieses Buches mit Argusaugen begutachtet hat. Das Team von Burnley und Trowbridge, Bettina Forsberg, Kenna Libes, Noelle Paduan, Rachel Stimson und Juul Thijssen hat mit seiner Sachkunde diesem Buch sehr gutgetan. Etwaige Ungenauigkeiten habe allein ich zu verantworten.

Danke an all meine wunderbaren Zuschauer:innen auf dem guten, alten YouTube – ihr erstaunlichen, einzigartigen, kreativen, wunderbaren Menschen –, von denen viele mit ihren Kommentaren, Fragen, Nachrichten und der Teilnahme an Instagram-Umfragen Input für dieses Buch gegeben haben. Mein besonderer Dank gilt meinen ehemaligen und jetzigen Unterstützern bei Patreon, die es mir ermöglichen, Projekte wie dieses zu verfolgen. Ihr seid alle absolut WUNDERBAR und ich weiß gar nicht, womit ich euch verdient habe.

An The Chat, wo großartige Ideen und Begeisterung geteilt werden und dennoch qualifiziert geforscht wird (mit Quellenangaben). Danke für die Bestätigung meiner Hypothese, dass es nicht möglich ist, einen Text über Nadeln zu schreiben, ohne dass er stellenweise zweideutig klingt.

Ganz besonders danke ich meinen Lehrern und Mentoren: Gregg Barnes, Erin Black, Maggie Raywood, Hilary Rosenfeld, Jenny Tiramani, Therese Bruck und die wunderbare Kitty Leech, deren Freundlichkeit und Unterstützung ich wahrscheinlich niemals in diesem Leben zurückzahlen kann (so sehr ich mich auch bemühen werde). Und an jeden einzelnen meiner Kolleg:innen an der School of Historical Dress, die mich weiterhin täglich inspirieren. Ihr seid einfach umwerfend.

Danke auch an diejenigen, von denen ich posthum lernen konnte: Janet Arnold, Bertha Banner und Agnes Walker. Ich hoffe, dass dieses Buch 120 Jahre nach eurer Lebenszeit Gnade vor euren Augen findet.

Register

A

Acetat 24

Acryl 20, 24

Ahle 52, 104, 107, 115

Alkohol 178

ändern, Kleidung 154-173

Ärmelbrett 99

Aufbau von Stoffen 25-27

Auswahl von Stoffen 17-20

B

Baumwolle 18, 21, 23, 28, 32, 45, 80, 98

Biesen 144-147

Bleichetest 20, 23-24

Brenntest 23-24

Brokat 26

Bügeleisen 29, 50, 98, 100

Bügelkissen 52, 68, 99

bügeln

- Anleitungen 98-100
- Ärmel 95
- nach der Wäsche 29
- Samt 100
- Werkzeuge 99-100

Bügeleisen 28-29, 100, 131

D

dekorative Methode 139-141

doppelter Saum 88-91, 173

doppelter Saum 93

E

einfassen 84-87, 157, 162

einlagig zuschneiden 32

Einsatz mit Änderung der Länge oder Weite 141-143

Elasthan 20

F

Fäden ziehen 37-38

Fäden

- Anfang und Ende 53-57
- ausdrehen 69
- Baumwolle 45
- doppelt 54
- einfach 53
- Leinen 45-46, 53
- Markierungsfäden 34-35, 142
- Polyester 45
- Seide 45
- ziehen 37–38

Fadenlauf 25-29, 32, 35

fälteln 136-137, 150

Falten

- fälteln 136-137, 150
- Messerfalten 129, 131
- Quetschfalten 130-131

Faserzusammensetzung bestimmen 20-24

Fingerhut

- hart 47
- weich 46

flicken 184-185

Französische Naht 96-97, 99

G

Gewebe, Aufbau 25-27

H

Haken und Ösen 124-127

Haken, Verschluss 126-127

halber Rückstich 63-64, 86, 139, 142

Handarbeitsschere 50, 161

Heftstiche 44, 59, 62, 73, 74, 107, 146, 184

herausnehmbares Futter 178

Hexenstich 70-72, 157

Hilfsmittel 51-52

K

Kanten versäubern 79-95

Kappnaht 93

Kappnaht, Nahtzugaben 89, 92, 93, 141, 162

Kettfäden 25-26

Khan, Sophia 152

Knipse 36, 162, 173

Knöpfe

- annähen 112-113
- ersetzen 186-191
- flache 187-189
- Schaft 190-191
- Stoff 110-111

Knopflöcher 103-107

Knopflochstich 102-103, 107, 108, 112, 124, 127

Knopfschlaufen 108-109

Konternaht 94-95

Köper 26

kräuseln 132-137

- mit Überwendlingsstich 132-133
- mit Vorstich 134-136

Kreuzschnürung 115–121

Kunstseide 20

Kurvenlineal 51, 166, 167

kürzen, Saum 154-157

L

Leinen 17, 22, 23, 27

Leinenbindung 26

lüften 178

M

Markierungsfäden 34-35, 142

Markierwerkzeuge 49

Maßband 48-49

Messerfalten 129, 131

N

Nadeln 44

Nahtzugabe in Schnittmustern 30-33

Nylon 20, 24

O

Ösen 51, 114, 117

P

parallel stecken 39

Polyester 20, 24

Polyestergarn 45

Q

quer stecken 39

Quetschfalten 130-131

Quiltlineal 51

R

Rechts-Links-Naht 96-97, 99

Reinigungsmethoden

Alkohol 178

Handwäsche 178

herausnehmbares Futter 178

lüften 178

reparieren

flicken 184-185

stopfen 59, 180, 183

Riegel, genähter 124-125

Rückstich 56-57, 63, 65, 86, 93, 116, 135, 139, 142, 162, 166, 173, 191

S

Samt 26, 100

Satin 22

Schere 50

Schneiderklotz 100

Schnittmuster

ausschneiden 30-40

gekaufte 30

historische 30

Nahtzugabe 30-33

ohne Nahtzugabe 30-33

Schnürmuster 118-121

schräg stecken 39

schräger Fadenlauf 25-27, 29, 35, 84

Schuhe 179

Seide 19-21, 23, 25, 26, 30

Seidengarn 45, 104

Shik, Yang Cheon, 76

smoken 148-151

Spiralschnürung 119-120

Spitze einsetzen 138–143

Staffierstich 73-75

stecken

parallel 39

quer 38–39

schräg 39

Stecknadeln 48

Stiche

halber Rückstich 63-64, 86, 139, 142

Heftstich 44, 59-62, 73-74, 107, 146, 184

Hexenstich 70-72, 157

Knopflochstich 102-103, 107, 108, 112, 124, 127

Maschinenstiche 86

Rückstich 56-57, 63, 65, 86, 93, 116, 135, 139, 142, 162, 166, 173, 191

Staffierstich 73-75

Überwendlingsstich 66-69, 82-84, 86, 89, 90, 93, 127, 132, 136, 141-142, 157, 162, 166, 184

unsaubere 79

Vorstich 58-60, 65, 86, 135-136, 139, 141-142, 145, 150, 173,

Wechselstich 65, 86, 139, 142, 173

Stoff

einlagig, zuschneiden 32

Pflege 177-178

vorbereiten 28-29

wählen 17-20

zuschneiden 30-33

zweilagig, zuschneiden 32

stopfen 59, 180, 183

stricken 25, 27

Strickstoffe 27

stückeln 40

Synthetikstoffe 20, 29

T

Taschen

aufgesetzte 164, 167

Nahttaschen 168, 173

Nahttrenner 51

U

Überwendlingsstich 67, 84, 86, 89, 90, 93, 136, 141, 142, 157, 162, 166, 184

V

verfilzen 19, 25, 27-28

versäubern, Kanten 79-97

Verschlüsse 101-127

Viskose 20, 22-23

Vogt, Claudia 41

vorbereiten, Stoff 28-29

Vorstich 58-60, 65, 86, 135-136, 139, 141-142, 145, 150, 173, 180, 183

vorwaschen

Baumwolle 28

Leinen 28

Seide 28

Synthetics 29

Wolle 28

W

Wachs 46

weben 25-26

Webmuster 26

Wechselstich 65, 86, 139, 142, 173

Wellington, Dandy 14

Werkzeuge, wichtige 44-50

Whitmore, Embry 174

Wolle 18-19, 23, 28

Z

Zackenschere 80-81, 141-142, 173

Zusammensetzung von Stoffen bestimmen 20-24

zuschneiden 15-40

zweilagiger Stoff, Zuschnitt 32

Zwickel 160-163

Die Autorin

Bernadette Banner ist Kostümbildnerin und Kostümhistorikerin. Große Bekanntheit erreichte sie durch ihren YouTube-Kanal, auf dem sie sich mit historischer Mode beschäftigt. Sie rekonstruiert Kleidungsstücke und ganze Outfits aus vergangenen Jahrhunderten, arbeitet hauptsächlich mit der Hand oder mit historischen Nähmaschinen und setzt dabei Techniken ein, die zur Entstehungszeit des jeweiligen Kleidungsstücks üblich waren. Einen besonderen Schwerpunkt legt sie auf englische Kleidung zwischen 1890 und 1914. Mit ihrer Arbeit will sie gleichzeitig erforschen, wie historische Nähtechniken und die Einstellung zur Kleidung neu erlernt werden können, um die Auswirkungen der Fast Fashion und der Massenproduktion des 21. Jahrhunderts zu bekämpfen.

Nachdem sie als Kostümbildnerin am Broadway gearbeitet hatte, schloss Banner 2017 ihr Studium an der New York University ab und begann, im Bereich der historischen Rekonstruktion zu arbeiten. Derzeit arbeitet sie als Online Content Creator und Forschungsberaterin in London.

Kreativ-Hotline

Hilfestellung zu allen Fragen, die Materialien und Kreativbücher betreffen:
Frau Erika Noll berät dich. Ruf an oder schreibe eine E-Mail:

Telefon 07 11/12 37 57 20*
E-Mail: mail@kreativ-service.info

*normale Telefongebühren